東京大學史料編纂所編纂

大日本古記錄

後法興院関白記 一

岩波書店刊行

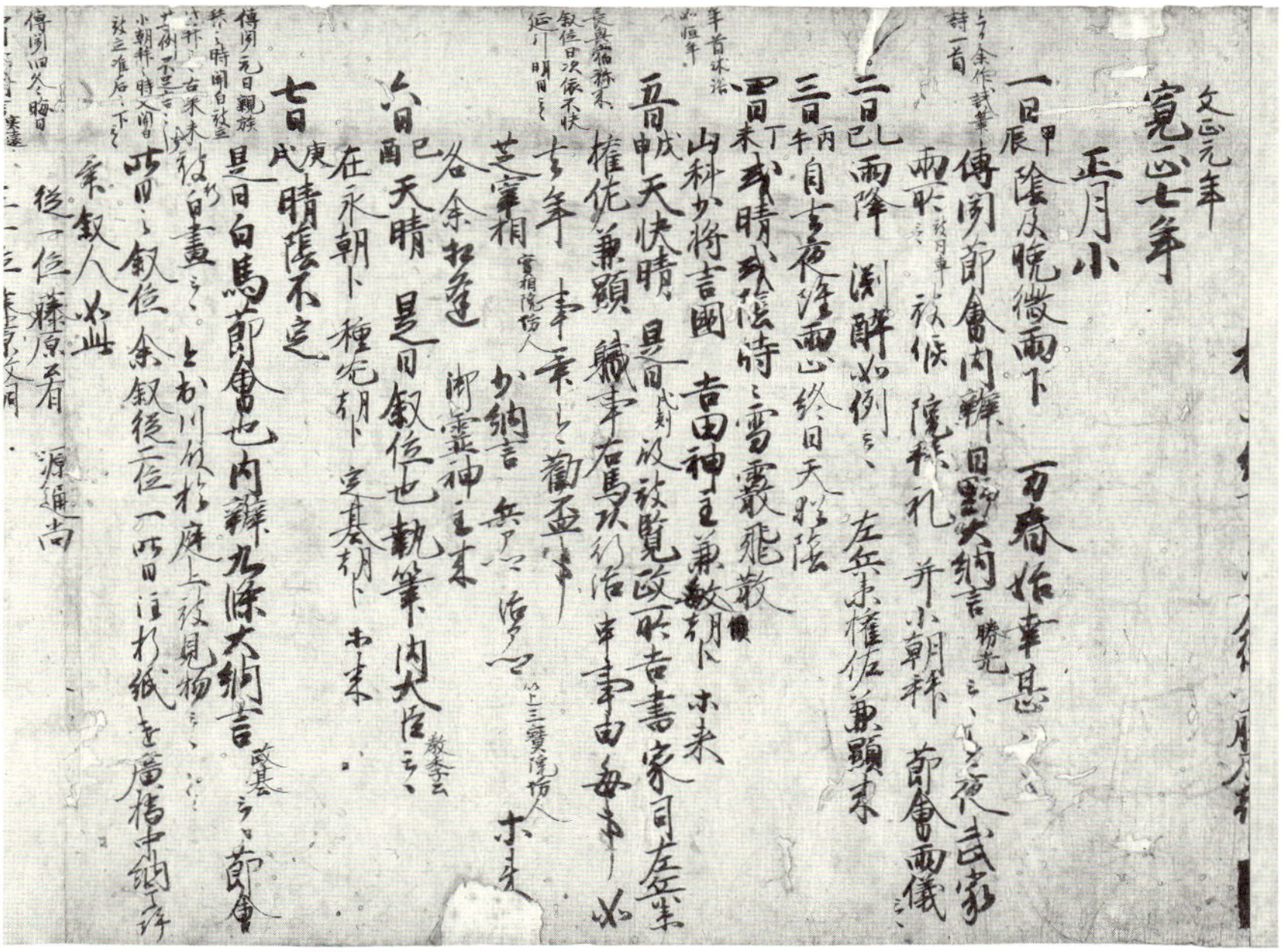

後法興院関白記　文正元年巻　第一張（正月条）

公益財団法人陽明文庫所蔵　原寸　縦三〇・二糎

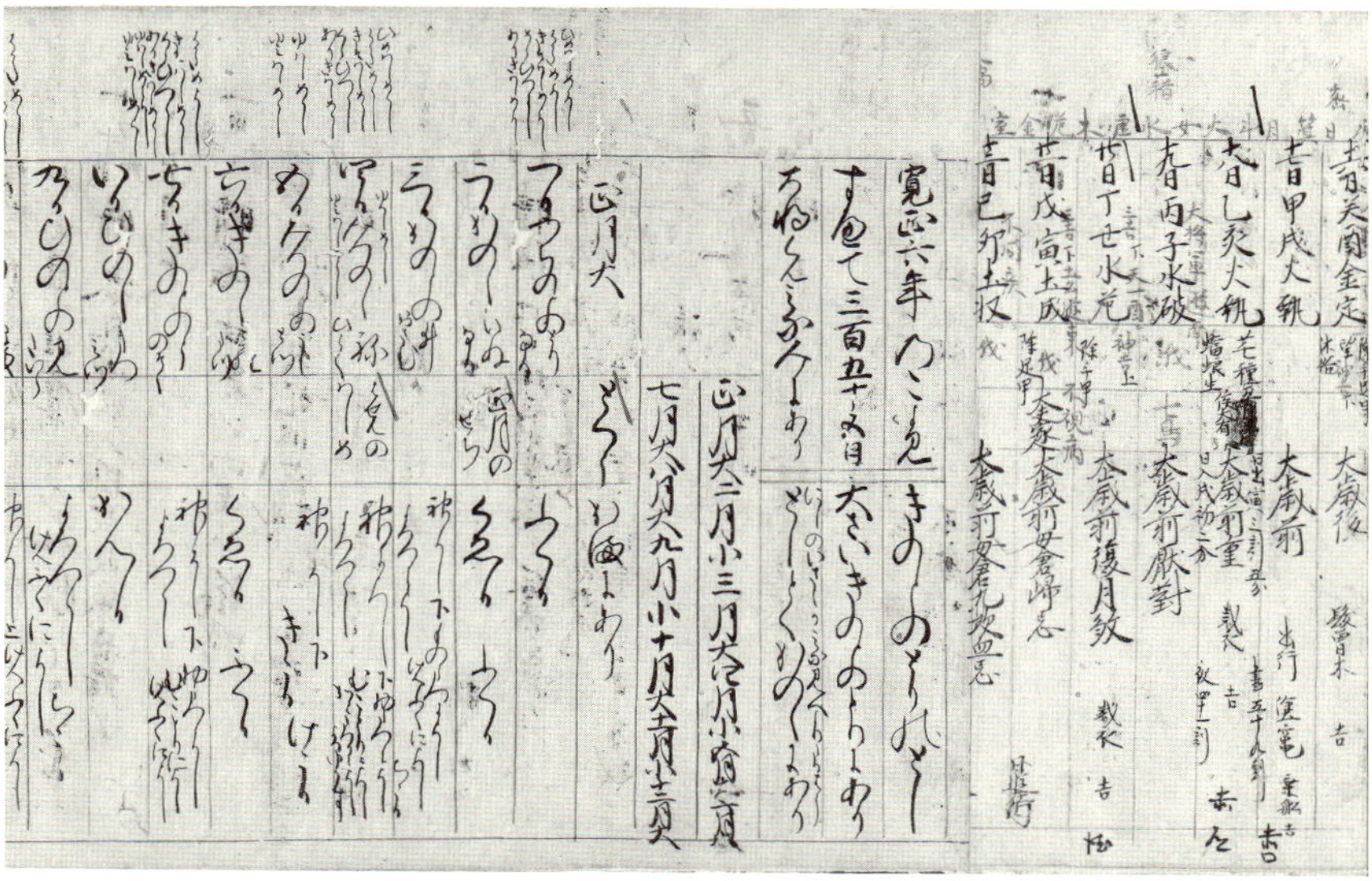

後法興院関白記　文正元年巻　第三十四張・第三十五張紙背

公益財団法人陽明文庫所蔵　原寸　縦二九・八糎

後法興院関白記　応仁元年巻　第四張（正月条）

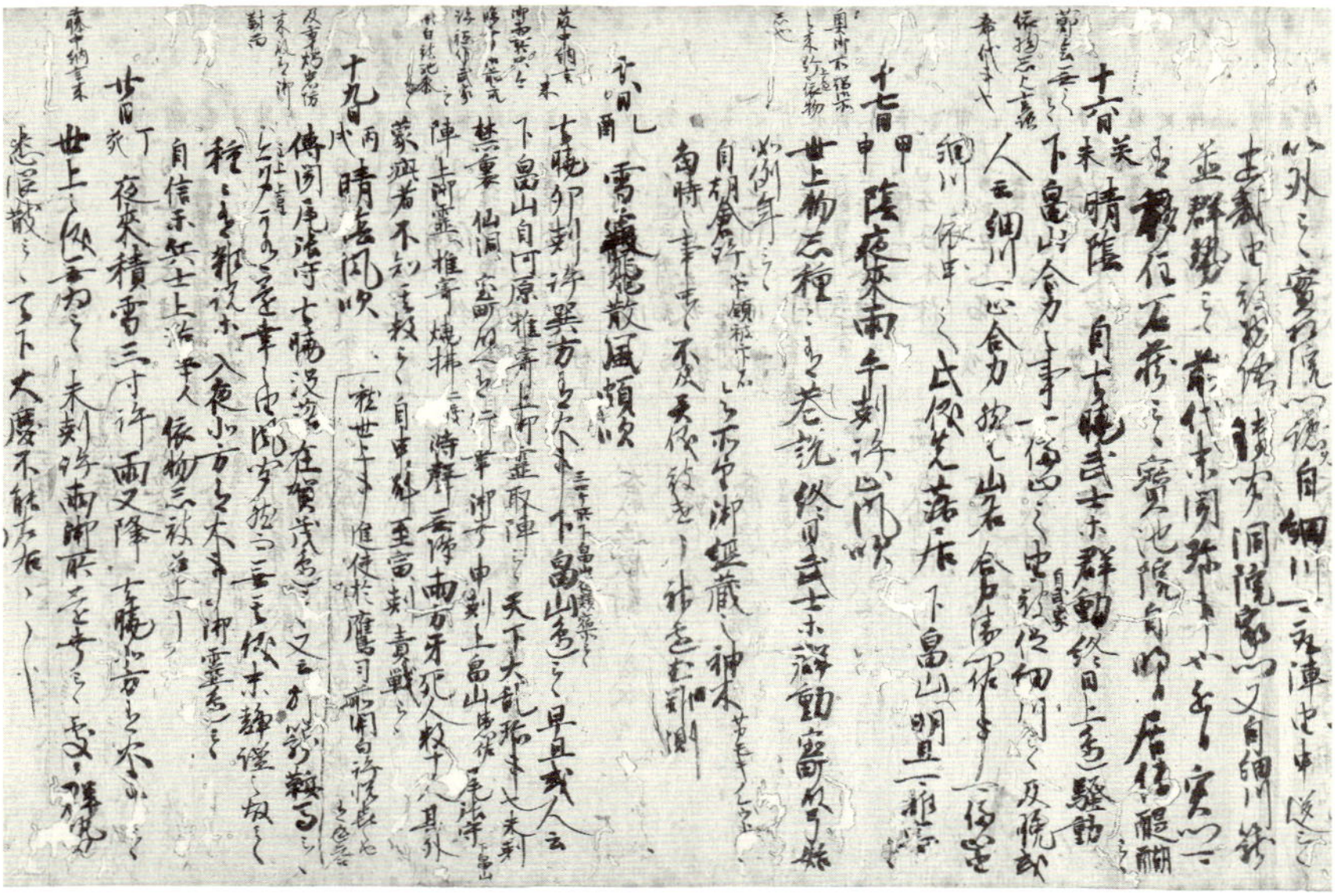

公益財団法人陽明文庫所蔵　原寸　縦三〇・〇糎

後法興院関白記　応仁元年巻　第三十三張紙背

公益財団法人陽明文庫所蔵　原寸　縦三〇・一糎

例言

一、大日本古記録は、各時代に亘り、主要な日記その他の古記録を編纂刊行するものである。

一、本書は、室町・戦国期の公家、関白近衛政家(文安元年〈一四四四〉生、永正二年〈一五〇五〉没)の日記である。その呼称は政家の謚号に因り「後法興院記」とするのが一般的であるが、大日本古記録収録の歴代関白記に準じて、「後法興院関白記」とした。

一、本書の記事が伝存する所は、文正元年(一四六六)に始まり、永正二年に及ぶが、中間の文明元年(一四六九)から同十年までを欠いている。自筆原本は、全て公益財団法人陽明文庫が所蔵するもので、年次ごとに編まれた全三十点(巻子本三巻、冊子本二十七冊)からなっている。本書の編纂に当たっては、全てこれら原本に拠った。また原本の紙背文書は、各巻冊毎にその末尾に収載した。

一、本書の嚆矢となる本冊には、文正元年記及び応仁元年(一四六七)記を収めた。

一、本書の編纂に当たっては、政家が記した近衛家の財政帳簿である「雑事要録」(全二十三冊)・「雑々記」(全三冊)も併せて収載する。これら帳簿も、日記と同じく全て年次ごとに編まれていることから、帳簿の存する年次においては、日記本文に続いて、その翻刻及び紙背文書を掲げる。なお日記が欠落する年次については、独立してこれを収

載する。また文明十八年より明応九年(一五〇〇)に至る記事を収めた「銭米部類記」(全一冊)については、参考として最終冊に収載の予定である。

一、解題及び記主政家の略系・略年譜、索引等を、最終冊に付収する。

一、巻子本の張替りは、紙面の終わりに当たる箇所に」を付して示し、次の紙面の始めに当たる箇所の行頭に、その張付けを(1張)(2張)の如く標示した。また記事が紙面の終わりで段落している場合には、」を行底に付した。紙継目の上に書かれた行については、便宜字画の多くを含む方の張に加え、傍書や補書の一部に張の移動が生じても、特別の場合のほかは説明を略した。

一、冊子本の丁替りは、各丁表裏の終わりに当る箇所に」を付して示し、且つ表裏の始めに当たる箇所の行頭に、その丁付け及び表裏を(1オ)(1ウ)の如く標示した。また記事が表裏の終わりで段落している場合には、」を行底に付した。

一、紙背文書については、その丁付けを(1ウ)(2ウ)の如く標示し、文書の前後に縦罫を挿入して、区別を明示した。

一、原本の体裁は、努めてこれを存した。各日条の天候記事につづく空白は、一字分を空けた。但し、それ以外の文字間の空白は、欠字など特に意味のあると思われる場合を除き、概ね詰めた。また本文中に二行分以上の空白がある箇所については、(約何行分空白)と注記した。なお各月の冒頭は前後の行間を空けて明示した。

一、底本に用いられている漢字は、概ね現時通用の字体に改めている。但し、一部の古体・異体・略体等の文字にはそのまま存したものがある。主たるものは次のとおりである(括弧内は現時通用字体)。

忩(悤)　爾(尔)　禱(祷)　禰(祢)

一、本文の用字が必ずしも正当でなくても、それらが当時通用し、且つ誤解を招く懼れの無い場合には、そのまま存し傍注を施さなかった。

一、校訂に当たって、本文中に読点(、)と並列点(・)を加えた。

一、底本に欠損文字のある箇所には、概ねその字数を計って□や〔　〕を挿入し、残画によって文字が推定できる場合には、その文字を□の中に記入した。

一、抹消文字については、その字数を計って▨を挿入した。判読しうる場合には、抹消の様態を問わず、その左傍にゞを付し、或いは「　」で括り、その旨を傍注した。

一、文字の上に文字を重ね書きした箇所については、上に書かれた文字を本文として採り、その左傍に、下の文字に相当する数の・を付し、且つ判読しうる限り、×を冠してそれらの文字を傍注した。例えば、「云々」の上に「也」を重ね書きした箇所は、「也」(×云々)として示した。

一、本文中の、ヘ及びノや。(挿入位置)等の符号により、文字や記事の移動を示している箇所については、組版の都合から符号の意により配置を改めた箇所がある。

一、字間・行間の補書等は、「　」で括り、その旨を注記した。

一、朱書は、『　』で括り、その旨を明示した。

一、校訂者の加えた文字には、すべて〔　〕又は(　)を付し、或いは○を冠して本文と区別しうるようにした。先の二種の括弧のうち、前者は本文の文字の校訂のために用い、後者はそれ以外の、参考又は説明のための注に用いた。

一、散らし書の文書の場合、奥から袖へ、或いは下段から上段へといった具合に、紙面上の異なる位置に筆が進む箇所

には／を用いて、これを示した。
一、人名・地名等は、原則として、毎月その初出の箇所に傍注を施し、読者の便宜に供した。
一、上部欄外に、本文中の主要な事項その他を標記した。
一、各年記の年首部分の上部欄外に、その年の記主政家の年齢・身分等を簡単に掲示した。
一、本冊の編纂に用いた底本は、次の通りである。
公益財団法人陽明文庫所蔵　後法興院記　文正元年(第七函五号、巻子)
公益財団法人陽明文庫所蔵　後法興院記　応仁元年(第七函六号、巻子)
一、本冊の編纂に当たり公益財団法人陽明文庫は、原本の閲覧につき特別の便宜を与えられた。記して感謝の意を表する。

令和七年三月

東京大学　史料編纂所

目次

図版

一、後法興院関白記　文正元年巻　第一張（正月条）
一、後法興院関白記　文正元年巻　第三十四張・第三十五張紙背
一、後法興院関白記　応仁元年巻　第四張（正月条）
一、後法興院関白記　応仁元年巻　第三十三張紙背

政家本年二十三歳、正三位、権中納言、左衛門督、正月六日叙従二位、七月二十五日任左近衛中将

「(後補標紙打付書)文正元年○近衛信尹筆、

後法興院殿御記(近衛政家)」

権中納言兼左衛門督藤原朝臣▨○截断ニ依リ欠ク、

(1張)

文正元年
寛正七年

正月小

元日節会内弁日野勝光

足利義政並ニ同義視院礼拝並ニ小朝拝ニ候ズ

殿上淵酔

試筆詩

一日、甲辰 陰、及晩微雨下、 万春始、幸甚〻〻、

伝聞、節会内弁日野(×九条)大納言勝光(×政基)、云〻、今夜武家両所(足利義政・同義視)被同車被候 院(後花園上皇)拝礼幷小朝拝、節会雨儀云〻、

〻、

二日、乙巳 雨降、 淵酔如例云〻、左兵衛権佐兼顕(広橋)来、

(上欄補書、一日条上欄ニアリ、今符号ノ意ニ依リ、此ニ収ム)「今日余作試筆詩一首、」

三日、丙午 自去夜雖雨止、終日天猶陰、

四日、丁未 或晴或陰、時〻雪霰飛散、

山科少将言国・吉田神主兼敏(吉田)〔倶○兼敏本年兼倶ニ改名シタルヲ注記セントスルモノナラン、〕朝臣等来、

(上欄補書)「年首沐浴如恒年、」

政所吉書

五日、戊申　天快晴、　是日戌刻、殿(近衛房嗣、政家父)被覧政所吉書、家司左兵衛権佐兼顕・職事右馬頭(町)行治申事由、毎事如去年、事畢有勧盃事、

芝(成典)宰相、実相院坊人、少納言・兵部卿・治部卿以上三宝院坊人、等来、各余相逢、御霊神主来、

(上欄補書)「長興(大宮)宿禰(×朝臣)來、叙位日次依不快延引明日云々、」

叙位
執筆今出川教季

六日、己酉　天晴、　是日叙位也、執筆内大臣教季公(今出川)、云々、

在(唐橋)永朝臣・種(武者小路)光朝臣・定(千本)基朝臣等来、

七日、庚戌　晴陰不定、

白馬節会
内弁九条政基

是日白馬節会也、内弁九条大納言政基、云々、節会被○行白昼云々、今出川殿(義視)於庭上被見物云々、

従二位ニ叙セラル

昨日之叙位、余叙従二位、一昨日注折紙遣広橋中納言(綱光)許畢、叙人如此、」

(2張)

従一位藤原公有(徳大寺)　源通尚(久我)

正二位藤原政嗣(二条)

従二位藤原政房(一条)　下官　源義視(足利)

正三位菅原在治(唐橋)

正四位下藤原俊顕(坊城)(義政)左大臣当年給、

二条持通義政ニ親族拝ヲ行ヒ小朝拝ニテ義政ノ下ニ立ツ

道興等来ル

近衛房嗣斯波義敏ノ上洛ヲ賀ス

鷹司房平ヨリ昇進ヲ賀セラル

房嗣ニ同道シ院等ニ参ル

拝賀セザルニ拠リ参内セズ

従四位上藤原基綱（姉小路）
従五位上藤原治光（竹屋）　三吉茂衡（善）　高階頼久　大神景久（山井）楽人、　豊原胤秋楽人、
従五位下清原業枝
（上欄補書1）「伝聞、元日親族拝之時、関白（二条持通）被立此拝云々、古来未聞其例、不足言々々々、小朝拝之時、又関白被立准后（義政）之下云々、」
（上欄補書2）「伝聞、旧冬晦日西園寺大納言実遠、任右大将云々、」
八日、辛亥　晴陰不定、　聖護院（道興、政家兄）・実相院（増運、政家兄）・如意寺（政瑜）・宝池院（政深、政家兄）令来給、有小盃酌事、少時後各令帰給、姉少路中将基綱朝臣・冷泉中将政為（下冷泉）朝臣・祇園執行（顕重）・郁西堂（文紀曇郁）等来、
旧冬廿九日筑紫武衛（斯波義敏）上洛、武家（義政）被免京中之安緒（堵）許云々、今日以使者時顕朝臣（西洞院）、上洛珍重之由被仰之、他行云々、
（上欄補書）「自鷹司前関白（房平）許有使、余一級之礼也、」
九日、壬子　夜来雨、酉刻終止、
十日、癸丑　陰、時々雨降、
是日殿同下官参所々、　禁裏（後土御門天皇）・仙洞（後花園上皇）・伏見殿（貞常親王）・室町殿（義政）・今出川殿・若公（ノチノ足利義尚）御方等也、勢州（伊勢貞親）宿所、女房出逢、春日局（摂津満親女）也、
但余不参内、依未拝賀也、（本月七日、叙従二位）其間余候仙洞奉待御帰、次令向奥御所（政家叔母）給、先以参御影御前、有読経

進藤長泰騎馬ニテ供奉ス
惣領進藤伊秀在国ニ依ル

事、余同之、有盃酌事、次於端御所（政家姉）又有盃酌事、次令向三宝院給、余同参、門主（義賢）（×又）示労事無対面、宝池院被出逢、必以参賀可被申之由候云〻、則令帰給、今日之儀如例年、仍不能記之、騎馬左衛門少尉藤原長泰（進藤）也、此騎馬事、進藤・宗家両家惣領打替為勤之、今度進藤惣領伊秀依歓楽在国、子息伊益（進藤）幼少、無其故実之間、庶流以長泰為其代不可後例勤之、

「（上欄補書）四辻（季春）中納言・藤宰相（武者小路資世）・少納言顕長朝臣（西坊城）・侍従為親（五条）・阿伽井坊・岩坊等来云〻、留守之間示其由云〻、」

祈始
房嗣ト共ニ北小路俊宣宿所ニ方違ス

（3張）十一日、甲寅　晴陰不定、時〻霰飛散、　祈始如例年、

今夜戌刻、殿令向俊宣（北小路）宿所給、余同之、依御方違也、終夜有盃酌事、及暁天令帰給、殿御引出物進太刀、無銘、余引出物進太刀金、・香炉胡銅、居卓、・杉原十帖等、

「（上欄補書）季経（四辻）朝臣・哲書記等来、武家評定始云〻、」

位記到来

十二日、乙卯　晴、▨刻▨▨▨　位記到来、

義敏ヨリ遣使ヲ謝セラル

報恩院（有玄）・晴富（壬生）（宿禰）朝臣等来、自前武衛（義敏）許有使、先日之御使畏入存之趣也、

叙位聞書到来

「（上欄補書）聞書到来、」

十三日、丙辰　晴、　柳原前大納言（資綱）来、殿有（×有）御対面、余同出逢、積善院（寛意）・楊林院（永琳）・智慧光院〻主等来、

政基ヨリ昇進ヲ賀セラル

自九条大納言許有使、唐橋宰相（在治）、被賀余一級（×昇進）、殿幷余相逢、申御使本意之由了、

御経蔵並ニ北野社等ニ参ル
吉田社ニ代官ヲ参詣セシム
踏歌節会内弁二条政嗣
庚申ヲ守ル
十種香
晃尊ヨリ香茶ヲ贈ラル

（上欄補書）「哲書記来、」
十四日、丁巳 晴、昨今有和暖之気、
勧修寺前中納言（教秀）・南松院等来、殿有御対面、
十五日、戊午 晴陰不定、　季経朝臣・哲書記等来、
十六日、己未 陰、終日霞色朦朧、暖気頗如三四月、
是日参御経蔵・御霊・聖廟等、天神経一巻書之、
吉田社へ進代官如例、
伝聞、節会内弁（×西園寺大納言云々）左大将政嗣云々、
（上欄補書）「藤宰相、俊藤等来、」
十七日、庚申 自未明降雨、入夜止、
是日可令張行鞠始之由相存之処、依降雨延引、次申、無念々々、今夜守庚申、終夜聞十種香、
（上欄補書）「尊蔵主（晃尊、政家叔父）被来、香茶一裹賜余、是毎年事也、」
十八日、辛酉 晴陰不定、風吹、　日吉御師・丹波金泉坊等来、
十九日、壬戌 晴陰、時々小雨灑、　北野長者在綱卿（唐橋）・▨楞伽寺長老等来、侍従三位（河鰭公益）和余試筆詩、
廿日、癸亥 陰、時々雪飛散、不積地、

幕府連歌始

（4張）伝聞、昨日武家連歌始云〻、是毎年事也、今出川殿・聖護院殿等今年始被参云〻、
（上欄補書）「海蔵院長老・三福寺院主（恵撤）等来、」

政深ヨリ懸ノ松ヲ贈ラル

廿一日、甲子　朝晴夕陰、　自宝池院賜懸松一本、去年移栽処之柳枯畢、依是余令所望、又近日ニ一本可給之由被示送、
（上欄補書）「哲書記来、」

廿二日、乙丑　自去暁降雨、酉刻止、

和歌会始出題下冷泉政為連歌始

廿三日、丙寅　天晴、　是日和歌会始也、題云、松契春、政為朝臣所献也、同連歌始也、仍当座短冊略之、及秉燭有披講、次各分散、今日実相院令来給、毎事如例、

廿四日、丁卯　晴、午刻以後陰、　季経朝臣来、

廿五日、戊辰・　陰、酉刻許雨下、入夜止、

自宝池院賜懸松、則移栽畢、自醍醐被取寄云〻、

廿六日、己巳・　自去暁雪降、終日猶飛散、風吹、

入夜向行治宿所、有盃酌事、及半更帰宅、季経朝臣・定基朝臣等有此所、
（上欄補書）「秀俊・楽人郷秋（豊原）等来、」

廿七日、庚午　朝晴夕陰、

鞠始
和漢聯句

廿八日、辛未 自払暁降雨、入夜止、

廿九日、壬申 晴陰、時々微雨灑、 是日鞠始也、季経朝臣・定基朝臣・哲書記等来、有和漢聯句興、(×折)一折、

義政並ニ義視聖護院ニ赴ク

今日武家両所聖護院へ渡御云々、

二月大

一日、癸酉 晴、 藤宰相(武者小路資世)来、是日聖護院(道興、政家兄)へ被遣使、(×送)昨日渡御珍重之礼也、

蹴鞠

二日、甲戌 晴、陰々聖護院(×不定及)令来給、及晩有蹴鞠興、

三日、乙亥 晴陰不定、及晩小雨洒、

三体詩講釈
春秋左氏伝ヲ読ム
詩会
和漢聯句
院猿楽
足利義政並ニ同義視参院ス
梅枝ヲ公武ニ献ズ

実相院(増運、政家兄)令来給、是日三体講談也、七言八句、今日五首、郁西堂(文紀曇郁)来、読左伝、今日詩短尺少々[到][来]、自去比分(5張)遣題畢、題云、」春雲、又定来八日之題、春寒花較遅、次有和漢興、一折、

(上欄補書)「今[日]於仙洞(後花園上皇)有猿楽、武家両所(足利義政・同義視)院参云々、」

四日、丙子 晴陰、 宝池院(政深、政家兄)令来給、自来八日暗誦云々、及晩被帰、梅枝ヲ被進処々、 禁裏(後土御門天皇)・仙洞・今出川殿(義視)等也、使時顕朝臣(西洞院)、

季経朝臣(四辻)・哲書記等来、

増運ヨリ韻鏡ヲ借用ス
春秋左氏伝ヲ読ム
御経蔵並ニ北野社等ニ参ル
十種香
蹴鞠
武者小路資世ヲ権中納言任ズ
大報恩寺ニテ遺教経ヲ聴聞ス
奥御所ニ宿ス

五日、丁丑 晴陰不定、入夜月明、　自実門(増運)借賜韻鏡本、
六日、戊寅 晴陰、朝間雨雪交降、巳刻終止、
季経朝臣・定基朝臣(千本)等来、
七日、己卯 晴陰、酉刻終雨下、入夜止、
八日、庚辰 晴、　西堂(曇郁)来、是日雖為講尺、実門依指合令延引来十四日了、余読左伝、次習文字切、
九日、辛巳 晴陰、入夜雨下、　参御経蔵・聖廟等、天神経一巻書之、帰路参奥御所(政家叔母)、則帰宅、申刻許聖門(道興)令来給、軈被帰、
終夜張行十種香、
(上欄補書)「晩有蹴鞠興、」
十日、壬午 雨降、入夜止、　藤宰相資世卿任権中納言、去五日宣下云〻、
十一日、癸未 陰、自申刻雨下、　是日参千本(大報恩寺)経、実相院同令参給、帰路参奥御所、実門同之、及昏黒令帰給、余今夜逗留也、
十二日、甲申 朝陰夕晴、　参端御所(政家姉)、尊蔵主(晃尊、政家叔父)被来会、申刻許自奥御所帰宅、
十三日、乙酉 陰、自未刻雨降、子刻許止、
来十六日可被行任大臣節会云〻、自去比(正月十六日)辞申右府、(久我)通尚、近日(二月八日)又辞退内府(今出川)教季、云〻、右大臣之事左大将(二条)政嗣、被申請云〻、内大臣可為右大将(西園寺)実遠、之由有沙汰、中納言中将(一条)政房、申亜相云〻、

近衛房嗣政家ノ任大納言ヲ望ム
飛鳥井雅親ニ大納言昇任ノ勅許アリトノ説
歌並ニ鞠ノ御師範タルニ依ル
広橋綱光ニ問フニ風聞ニ違ハズ
政家競望以前ニ雅親ニ勅約アリ

今度右大将可有昇進之由、風聞之間、然者可有大納言闕歟、(去比)余昇進〻事可被申沙汰之由、仰遣広橋(綱光)中納言許之処、更以不可有等閑、。之(聽可奏聞)由返答了、然而昨日或人告示云、亜相事、飛鳥井前中納言雅親卿為歌・鞠御師範之間、可有　勅許之由、去三日猿楽之時直被仰下(後花園上皇)云〻、就其此間」

(6張)

彼卿望申云〻、余昇進事可有了簡歟之由相示間、為。(聞)其実否、今日尋問広橋中納言処、不相替風聞之儀、凡家門之事、彼卿ニ被思召替、天慮之程深恨存者也、近来諸事如此、迷惑〻〻、

・(上欄補書)「後聞、大納言事、余競望以前ニ勅約雅親卿云〻、」

和歌会
昆布並ニ熬子ヲ義政ニ贈ル

十四日、丙戌　晴陰、　哲書記来、講釈又令延引畢、来十八日也、
十五日、丁亥　自去暁雨時〻降、
十六日、戊子　降雨、申刻許止、　有続歌興、十首、(補書)「甘昆布・甘熬子等被進武家、毎年事也、」
十七日、己丑　晴陰、及晩雨下、　奥御所・端御所之姫君達被来、今夜令逗留此所給、

任大臣節会
内弁日野勝光
二条政嗣ヲ右大臣ニ任ズ
上臈四人ヲ超越
西園寺実遠同日ノ任槐ヲ嫌フ

去夜任大臣節会也、内弁一位大納言(日野勝光)云〻、
　任人如此、
右大臣政嗣元第五大納言、超越教季・実遠・公数・公敦等、(洞院)(転法輪三条)　権大納言政房　権中納言公躬(正親町三条)　参議公益(河鰭)
抑去夜内府事、西園寺大納言言実遠卿可有昇進歟之由相存之処、彼亜相申所存云〻、其子細者、政嗣卿自実遠卿下﨟也、雖然今度被任右府、実遠卿内府也、然間同日之儀不遮(庶)幾由、依申其子

細、彼任槐事、延引来廿八日云〻、件日改元定也、上首人任内府、下﨟任右府事、節会同日之儀、於先規者
有其例云〻、

蹴鞠

(上欄補書)「有蹴鞠興、哲書記・定基朝臣等来、」

三体詩講釈

十八日、庚寅　朝間小雨、巳刻以後止、　早旦聖護院令来給、無程被帰、郁西堂来、三体講談也、実

和漢聯句詩会

相院令来給、次有和漢聯句興、一折、詩短冊少〻到来、定来廿六日之題、春夜聞雨、
(上欄補書)「及晩奥御所之姫君達令帰給、」
十九日、辛卯　晴陰不定、風吹、

房嗣二条政嗣ノ任右大臣並ニ一条政房ノ任大納言ヲ賀ス

二条右府・一条亜相事、自殿(近衛房嗣、政家父)御方以使者被賀仰、各恐悦之由有返答、

道興幕府壇所ニテ祈禱ヲ勤ム

(上欄補書)「聖護院自今日於武家之壇所被勤行云〻、」

和漢聯句

廿日、壬辰　天晴、　有和漢聯句興、一折、
廿一日、癸巳　晴、　」

蹴鞠

(7張)
廿二日、甲午　晴、　有蹴鞠興、哲書記来、

月次和歌会

廿三日、乙未　晴、　是日月次和歌会也、題云、野雉、待花、久恋、当座二十首、以上政(下冷泉)為朝臣出題
也、

幕府女猿楽

伝聞、今日於武家有女猿楽云〻、四五日前於下辺八条、有勧進猿楽、言語道断奇妙之間、今日武

家被見物云々、女五六人、笛・大鼓・鼓以下皆男云々、狂言同男云々、彼等近日自越前上洛云々、太希代事也、

春日祭

廿四日、丙申 晴、　春日祭也、自去夜神事也、上卿左大弁宰相、(勧修寺)経茂、(甘露寺)弁氏長、使少将(油小路)隆継朝臣云々、

蹴鞠

「(上欄補書)有鞠興、」

四代中絶ヲ経テ河鰭公益ヲ参議ニ任ジ中将ヲ兼帯セシム

廿五日、丁酉 陰、酉刻雨下、(公益)新宰相中将兼帯事、去夜　勅許云々、彼卿参議事四代中絶、今度再興、面目之至也、(河鰭公村、同季村、同公邦、同実村)

春秋左氏伝ヲ読ム
和漢聯句

廿六日、戊戌 雨降、　郁西堂来、読左伝、三体詩講談可為今日之処、実門俄指合間、先以令延引、今夜留西堂有和漢興、五十韻、

三体詩講釈
詩会

廿七日、己亥 晴陰、　実相院令来給、是日講尺也、西堂自昨日逗留此辺、詩短尺少々到来、定来

「(上欄補書)藤中納言・宰相中将(公益)・□(季)経朝臣等候、」

三日之題、柳梢語燕、

改元定

廿八日、庚子 晴陰不定、　今夜改元定幷任大臣節会可被行之云々、上卿洞院大納言(公数)云々、

「(上欄補書)秀俊来、」

廿九日、辛丑 陰、入夜微雨下、

義政並ニ義視ニ改元ヲ賀ス
管領就任後初テ畠山政長ニ対面ス
寛正ヲ改メ文正ト為ス

及晩参武家幷今出川殿、為改元之礼也、両所ニ進太刀、管領(畠山政長、寛正五年十一月十三日管領ト為ル)出仕以後有対面、改寛正為文正元年、

実遠ノ任大臣無シ
改元定同日ニ他ノ公事行フ先例分明ナラズ

広橋中納言勘進云〻、
去夜右大将実遠、任内大臣、飛鳥井前中納言雅親、任大納言、
卅日、壬寅 雨降、及黄昏止、 多羅尾参河入道(玄穎)来、
後聞、一昨夜無任槐之儀云〻、改元定之時、余公事被行之例不分明間、俄被相尋例於両局之処、勘例遅到来、已諸卿退出(之後到来)云〻、然而又件例西園寺拝任之例也、其例聊不快之間、自彼家門申述云〻、
(上欄補書)「未刻許雷一両声、」

(8張)

閏二月小

楊弓
十種香
南方ニ火アリ

一日、癸卯 晴陰、風吹、朝間微雨下、
宰相中将(河鰭公益)・季経朝臣(四辻)・哲書記等来、終夜有大飲事、
二日、甲辰 晴、 前庭桜花盛開、
実相院(増運、政家兄)令来給、有楊弓・蹴鞠等興、終夜聞十種香、子刻許南方有火事、
(上欄補書)「早旦聖護院(道興、政家兄)令来給、則被帰、」

三体詩講釈
春秋左氏伝ヲ読ム
和漢聯句

三日、乙巳 晴、 西堂(文紀曇郁)来、是日三体詩講尺也、先読左伝、次有和漢興、一折、実相院自去夜逗留也、及黄昏

詩会

聖護院令来給、入夜両門跡令帰給、今日詩短尺少々到来、定来十四日之題、江亭春霽、

足利義政ヨリ槙ヲ徴セラル

自広橋中納言(綱光)許申送云、自武家(足利義政)信楽(近江甲賀郡)槙(×所)十三本、所望之由有武命云々、何様早速可被仰付之由有御返答、去々年〇所被堀進槙五十本之内、廿本許枯畢云々、

蹴鞠

(上欄補書)「有蹴鞠興、」

四日、丙午 晴陰、酉斜雨降、

五日、丁未 終日降雨、風頗吹、

政深暗誦ヲ遂グ

宝池院(政深、政家兄)暗誦今日無為被遂其節云々、仏神之冥慮、不能左右々々々々、祝着無極者也、

聯句

哲書記来、有聯句興、三十韻、唯両人於灯下沈吟、尤以興味深者也、

近衛房嗣道興ヨリ聖護院ニ招カルルモ謝絶

六日、戊申 晴陰、 理覚院僧正(猷意)為聖護院使来、今日与風彼門跡へ渡御之事被申度之由、可申旨候云々、今日之事僮僕以下、俄之間、難事行之由、有御返答、

七日、己酉 晴陰、時々細雨下、風吹、 申刻余密々物詣、

義政伊勢参宮ニ就キ随身ノ助成ヲ需ム

調子武春前例アリト称ス

自広橋中納言許申送云、武家来月可有参宮(伊勢神宮)、就其随身両人可被沙汰進之由被申云々、普広院(足利義教)参宮之時(四年三月・七年九月)永享、如此云々、此分被仰処々云々、永享之度之儀、更以無御所見之間、則召武春(調子)被尋下之処、先規勿論之由申之、太以不審事也、

房嗣吉田兼敏ヲ以テ日野勝光ニ政家昇進ニ就キテ諮ル

(上欄補書)「吉田神主兼敏(吉田)朝臣来、余昇進之事以彼朝臣有仰談旨、執権卿(日野勝光)今朝可来之由仰遣了、彼朝臣与執権卿

依知已也、」

(9張)八日、庚戌 晴陰不定、

久我通尚ニ随身助成ノ先例ヲ尋ヌ

武家参宮随身之事、為家門被加助成之儀、先例有無不審之間、自殿(近衛房嗣、政家父)御方久我(通尚)前右府許へ被尋合之処、誠随身之事、自武家可沙汰之由、被相触候、先規更以無覚語(悟)候、且又雖先例候、当時之儀。難事行之間、未及是非之返事、迷惑之由有返答、

随身助成シ難キ旨ヲ広橋綱光ニ伝フ

随身之事、先例更無御覚語(悟)候、但雖有先規、当時之事難事行候、可然之様可有披露之由、被仰広橋中納言許、他行云々、

義政若王子社ニ赴ク

(上欄補書)「昨日武家若王子へ渡御云々、毎事如例云々、」

御経蔵並ニ北野社等ニ参ル

九日、辛亥 陰、自午刻微雨下、　参御経蔵・北野社等、天神経書之、聖門(道興)令来給、及晩被帰、

増運ヨリ贈ラルル桜一枝ヲ後花園上皇ニ献ズ

十日、壬子 晴陰不定、風吹、及晩細雨下、　実相院より桜枝一枝賜之、則進仙洞(後花園上皇)、御悦喜之由被仰下、

十一日、癸丑 陰、風吹、昨今春寒去却来、入夜晴、月殊勝、無一片雲、

義政並ニ足利義視院猿楽ニ候ズ

是日於仙洞有猿楽云々、関(二条持通)白・武家(義政・足利義視)両所祗候云々、

房嗣ト共ニ聖護院ニ赴ク

十二日、甲寅 天快晴、　申刻許、殿令向聖護院給、余同之、又実相院被来会、渺々池水、処々高亭、尤以有其興、終日之遠眺興味深、盃酌数巡之後御帰宅、于時亥刻也、今日殿令乗御輿給、余又同、自門跡被進迎畢、御共、季経朝臣・嗣賢(藤井)・行治(町)・筑後守惟宗行量(町)・左衛門少尉藤原長泰(進藤)、各馬上、

乗馬シテ帰宅

帰路之時月殊勝之間、余乗馬帰宅、路之間、又有其興、

豊原郷秋ニ笙ヲ習フ

十三日、乙卯 陰、風吹、 住心院(公意)来、殿幷余相逢、昨日祇候聖門。之時、殿有御対面、其礼来也、楽人郷秋(豊原)来、余習笙、武徳楽、

北方ニ火アリ

午刻許北方有火事、無程消了、細川(勝元)被官者宿所云々、

十四日、丙辰 夜来甚雨、及晩止、入夜月明、

聯句

宰相中将・哲書記等来、終夜有聯句、三十韻、

西園寺実遠ヲ内大臣ニ飛鳥井雅親ヲ大納言ニ任ズ

伝聞、去五日西園寺大納言(実遠)任内大臣、陣宣下云々、飛鳥井」(10張)前中納言(雅親)同任亜相云々、

蹴鞠

十五日、丁巳 晴陰不定、 有蹴鞠興、

十六日、戊午 陰、自申刻微雨下、

三体詩講釈
春秋左氏伝ヲ読ム
詩会
候人ヨリ花見ノ宴ヲ献ゼラル

郁西堂来、是日講尺也、実相院令来給、今日余。先読左伝、詩短尺少々到来、又定来廿四日之題、摘茶、去十四日依雨令延引了、講談畢有一献、祇候面々申沙汰也、花御覧也、毎年之事也、終夜有大飲事、

和漢聯句

(上欄補書1)「今日有和漢聯句興、一折、」

信楽ノ槙ヲ義政ニ献ズ

(上欄補書2)「信楽槙今日到来、則被進武家十三本、十本ハ一丈六尺、三本ハ一丈四尺、」

蹴鞠

十七日、己未 天晴、 晩景有鞠興、及黄昏実門令帰給、自去夜逗留也、

蹴鞠
十八日、庚申 朝晴、自申刻微雨下、入夜止、聖護院令来給、及晩被帰、有蹴鞠興、

院女猿楽
是日於　院御所有女猿楽云々、新大納言雅親卿申沙汰云々、

十九日、辛酉 晴陰、

廿日、壬戌 晴陰、風吹、

房嗣雅親ノ昇進ヲ賀ス
廿一日、癸亥 陰、時々雨降、新亜相(雅親)昇進事、以使被賀仰、畏承之由有返答、

蹴鞠
廿二日、甲子 陰晴、及晩雨灑、　有蹴鞠興、

廿三日、乙丑 朝間小雨下、午刻以後属霽、

月次和歌会
蹴鞠
是日月次和歌会也、題云、春天象、春地儀、春雑物、当座二十首、政為朝臣(下冷泉)出題也、及晩有鞠興、
聖護院令来給、則被帰、

廿四日、丙寅 晴陰不定、午時雷鳴雨下、無程止、入夜又雨降、

去十三日大原野祭云々、不存知之間、無神事之儀、

廿五日、丁卯 終日時々雨下、

祖母重篤ニ陥ル
御局(政家母)之老母禅尼余祖母也、此間歓楽危急之間、御局自昨日彼所へ被罷出、老病凡無憑体云々、

三体詩講釈延引
春秋左氏伝ヲ読ム
詩会
和漢聯句
廿六日、戊辰(×巳) 天晴、　郁西堂来、是日講尺也、雖然実門依指合無光臨之間、今日之事令延引来月

(11張)
六日了、但於左伝読之、詩」短尺各到来、又定来月六日之題、桃源図、次有和漢興、五十韻、

一条教房関白再任ヲ望ム

伝聞、此間一条前博陸(教房)競望再任事云々、条々難尽筆、
(上欄補書)「及晩御局被帰宅、」

房嗣松下勝久ニ庭松ヲ需ム

廿七日、己巳　晴、　(補書、二十八日条下ニアリ、今符号ノ意ニ依リ、此ニ収ム)「賀茂松下(勝久)社務、来、先日庭松有御所望、就其事来也、申不可有子細之由、自今日入土用間、何様秋辺可被召之由被仰之、」及晩御局禅尼在所へ被罷出、
廿八日、庚午　陰、晡雨降、

海蔵院長老入院ノ後初テ来ル

廿九日、辛未　朝間陰、午刻属霽、　海蔵院長老来、殿有御対面、入院之後始而来也、

三月大

一日、壬申　陰、自申刻雨下、　藤中納言(武者小路資世)・宰相中将(河鰭公益)等来、
二日、癸酉　酉刻雨休、　早旦聖門(道興、政家兄)令来給、小時之後被帰、
三日、甲戌　晴陰不定、　藤中納言来、

文紀曇郁ニ槙ヲ与フ

昨日槙木三本遣西堂(文紀曇郁)許、祝着之由有返答、先日所望之由依相示遣畢、

前年ノ内裏両席御会ノ懐紙ヲ書写ス

四日、乙亥　天晴、　季経朝臣(四辻)持来去年(寛正六年十月二十七日)　禁裏之両席之御会懐紙、余書写了、

経蔵並ニ北野社等ニ参ル

五日、丙子　晴陰、入夜小雨下、　参御経蔵・聖廟等、天神経一巻書之、今日四巻奉納之、帰路参奥御所(政家叔母)、躑躅盛也、殿(近衛房嗣、政家父)幷実相院(増運、政家兄)此

増運ト共ニ祖母ヲ見舞フ

所令来給、入夜各御帰宅、余今夜令逗留也、晩景実相院同余向祖母禅尼許、常金宿所也、相弔歓

楽了、凡老病之体無憑者也、此間御局(政家母)被逗留此所、

足利義政石清水八幡宮ニ参ル

(上欄補書)「今日武家(足利義政)八幡御社参云々、」

実相院ニ赴ク　蹴鞠　連歌会

六日、丁丑 晴陰、亥刻微(雨脱カ)下、

申刻計、自奥御所参実相院、有蹴鞠興、今夜可令逗留之由被相示間、余令領状了、終夜有連歌興、百韻、

義政二条持通邸ニ赴ク

(上欄補書)「伝聞、今日武家被向二条関白(持通)亭云々、聖門被出云々、三宝院(義賢)称労事不被出云々、彼両門跡参会先例也、」

近衛房嗣モ実相院ニ来ル　和歌会　蹴鞠

七日、戊寅 晴陰、及晩細雨灑、　申刻計殿令来給、有一続興、三十首、次有蹴鞠興、亥刻計殿自実門(増運)御帰宅、余同之、

楊弓

今日殿御出以前令張行楊弓了、

三体詩講釈　春秋左氏伝ヲ読ム　詩会

八日、己卯 晴陰、風吹、丑刻風吹、甚雨下、　是日三体詩講尺也、先読左伝、実相院令来給、詠作少々到来、又定来十

(12張)

八日之題、。(読朱文公勧学文、」去六日聊依指合令延引了、

政深暗誦以後初テ来ル　豊原郷秋ニ笙ヲ習フ　蹴鞠

申刻宝池院(政深、政家兄)令来給、暗誦以後始也、入夜両門跡被帰、

九日、庚辰 天晴、風吹、　楽人郷秋(豊原)来、余習笙、鳥急、有蹴鞠興、

十日、辛巳 晴、

和漢聯句
十一日、壬午 自早旦雨下、 有和漢聯句興、一折、

義政ノ伊勢参宮延引
是日武家参宮之由、兼日有其沙汰、然而今日延引云〻、可為来十七日云〻、

十二日、癸未 晴、

道興ノ招キニ応ジ聖護院ニ赴ク
十三日、甲申 陰、 酉刻計聖護院令来給、今夕余聖護院之門跡へ可参之由被相示、及黄昏賜迎輿、則余参門跡、(西洞院)時顕朝臣在共、終夜乗池舟、尤有其興、

如意寺ニ赴ク
丑刻許(×計)参如意寺(政瑜)門跡、聖門准后依(×相)被相伴也、処〻遠望興味深、

十四日、乙酉 自早旦降雨、

如意ヶ嶽千手堂ニ詣ヅ
道興並ニ政瑜同道
巳刻終参詣如意寺峰之千手堂、聖門准后・如意寺政瑜僧都関白息、同道也、凌峨〻山路五十町歩行、至彼所畢、風雨侵膚、雲霞隔面、太以未曽有事歟、還而又有其興、於或坊暫時休息、次入堂、次又至彼坊、

和歌会
有一続事、二十首、余出題也、人〻講之、次盃酌数巡、及晩帰杉坊在所、門跡両所依被相伴也、有一献等、

東山ヨリ帰宅
十五日、丙戌 晴陰、 午刻自東山帰宅、

岡崎範富元服後初テ来ル
(上欄補書、十四日条上ニアリ、今符号ノ意ニ依リ、此ニ収ム)
「岡崎治部大輔範富来、元服以後始来也、」

和歌会
蹴鞠
十六日、丁亥 晴、 運教僧都来、有続歌興、二十首、次有鞠興、

町行治義政ノ伊勢参宮ニ供奉

武家参宮為御共、右馬頭惟宗行治(町)自昨朝下向也、諸大夫二人旧例也、一人自二条家門被進云〻、公卿・雲客・諸大名等大略昨日罷下云〻、

三体詩講釈　春秋左氏伝ヲ読ム　詩会　蹴鞠

十七日、戊子　晴、　西堂(曇郁)来、三体講尺也、先是読左伝、詠作少〻到来、又定来廿六日之題、村樹啼鵑、講談雖為明日聊指合之間、俄今日令興行了、晩景有鞠興、今日実門令来給、

義政神宮社頭ニ参ル

今朝武家参宮云〻、参会公卿、日野大納言勝光卿・北畠前中納言教親〔具〕卿・広橋中納言綱光卿・新中納言公躬(正親町三条)卿・右大弁宰相益光(烏丸)卿、雲客、永継(高倉)朝臣・雅康(飛鳥井)朝臣・経熙(勧修寺)朝臣、諸大夫、頼広(高階)・行治等云〻、

内裏ニテ楽アリ

(上欄補書)「今夜禁裏御楽云〻、」　」

(13張)

蹴鞠　吉田兼敏来ル　政家昇進ニ就キ日野勝光ノ返答ヲ伝フ

十八日、己丑　晴、夕陰、入夜小雨一滴灑、聖護院令来給、有蹴鞠興、及晩令帰給、昼程殿密〻有御物詣事、吉田神主兼敏(吉田)朝臣来、殿有御対面、去月(七日)之時分、余依昇進事、以彼朝臣被仰執権(勝光)許子細有之、其返事之趣来示也、非指事、

郷秋孫ヲ同道シ来ル

(上欄補書1)「楽人郷秋相具孫来、加元服去夜始而参勤御楽云〻、」

管絃

(上欄補書2)「今夜季経朝臣祇候、有管絃、」

蹴鞠

十九日、庚寅　陰、及深更雨下、　是日密〻物詣、大館二郎(政重)来、有蹴鞠興、無程退出、

房嗣精進始
近衛忠嗣十三回忌追善ノ為ナリ

「(上欄補書)殿自今日至六月廿九日御精進、御断酒也、為後普賢寺殿(近衛忠嗣、政家祖父、享徳三年六月二十九日没)御追善也、当年十三年也、」

廿日、辛卯 雨降、申刻止、

東寺等ニ詣ヅ

廿一日、壬辰 晴、 参東寺・壬生地蔵(法幢三昧院)等、帰路巡見処々、尤有其興、及晩帰宅、

足利義視聖護院ニ赴ク

「(上欄補書)是日今出川殿(足利義視)聖門へ渡御云々、」

房嗣千句連歌ノ三物ヲ定ム

廿二日、癸巳 晴、 千句御連歌自来廿八日至晦日可有沙汰也、今日発句・脇・第三等被定之、次

天神法楽連歌蹴鞠

有法楽連歌、及晩有鞠興、

義政参宮ヨリ帰京
義政参詣後乗馬ノ時鐙破損ス

廿三日、甲午 晴、 今日申刻許武家御帰京、去廿日宮回之時大風、甚雨云々、拝之間雖甚雨、不被指笠云々、拝了乗馬之時、右鐙自力革下辺破損之間、臨期以永継朝臣鐙被懸替云々、太以希代事也、以行治説記之、

廿四日、乙未 自午刻雨降、入夜止、

相国寺勝定院火ク

「(上欄補書)未(・×申)刻北方有火事、相国寺勝定院云々、旧冬之焼残云々、」

廿五日、丙申 晴陰、申刻終小雨下、 秀俊来、

義政ノ参宮ヲ賀ス
日野富子ニモ賀ス
蹴鞠

廿六日、丁酉 晴陰、 早旦余参武家、御参宮之礼也、進太刀、次参御台(日野富子)、殿称労事不被参、諸家群参也、聖護院・実相院・宝池院等参会、帰路三門跡被来臨此亭、及晩有一足興、郁西堂来、今日講談也、雖然旁以指合間、令延引来月五日了、

蹴鞠
県召除目始
房嗣義政ニ茶ヲ贈ル
当年給申文

（上欄補書）
「安養来、」

廿七日、戊戌　晴陰、　有蹴鞠興、自今夜県召除目也、「今日被進御茶三袋、於武家、毎年事也、」（補書、今符号ノ意ニ依リ、此ニ収ム）

余申文如此、付奉行頭弁宣胤（中御門）朝臣許、

従七位上豊国真人惟治

望諸国目」

（14張）

右、当年給所請如件、

文正元年三月廿七日　　従二位行権中納言兼左衛門督藤原朝臣政家

督請申文

督請

請特蒙　天恩、因准先例、以正六位上行左兵衛少尉春朝臣秋富被拝任当府尉闕状

右、謹検案内、為左右衛門督之輩、請任少尉者例也、爰件秋富性稟謹慎、志在警巡、望請　天恩、早被任当府少尉者、将令励夙夜之節矣、仍勒事状、謹請　処分、

文正元年三月廿七日　　従二位行――

房嗣立願ニ依リ千句連歌ヲ始ム

廿八日、己亥　晴、　自今日被始千句御連歌、依御立願也、今日終五百韻之功、実相院令来給、人数廿余人、運教・周瓊（魁叟）外、家門祇候面〻也、

千句連歌結願
蹴鞠

廿九日、庚子　朝晴夕陰、　是日千句結願也、実相院令来給、人数如昨日、及晩有鞠興、実門令帰

給、

県召除目入眼
（上欄補書）「除目入眼也、執筆三条大納言公敦卿（転法輪三条）、」

三月尽和歌会
卅日、辛丑 陰、未明雨降、　今夜一続張行之、五十首、依三月尽也、人数、有綱（藤原）・長泰（進藤）等也、

四月小

蹴鞠
一日、壬寅 晴陰、申刻雨下則止、風吹、　有鞠興、

前夜ノ和歌ノ批点ヲ道興ニ需ム
去夜之一続進聖護院（道興、政家兄）、申合点之事、則到来、点八首之内愚詠五首、自愛〻〻、

立願ニ依リ密カニ御経蔵ニ参ル
二日、癸卯 晴、　自今夜密〻参御経蔵、聊依立願之事也、夜陰之間歩行也、　打〔哲〕書記来、此間依歓楽不来云〻、

和歌会
（15張）三日、甲辰 晴陰、　有続歌興、三十首、人数、運教・有綱（藤原）、」各詠十首、入夜参御経蔵、

蹴鞠
四日、乙巳 陰、　有一足興、参御経蔵、

五日、丙午 自巳刻雨降、及晩休、　参御経蔵、

除目聞書到来
今日聞書到来、余年給申文任参河少目（豊国惟治）、

任人如此、

参議藤原宣胤（中御門）　左中弁藤原俊顕（坊城）　権右中弁藤原氏長（甘露寺）　左少弁藤原尚光（柳原）

右少弁藤原光忠（葉室）　此外殊無昇進、
蔵人頭左中弁藤原俊顕（六条）
辞退　参議源有継

（上欄補書）「季経朝臣（四辻）来、」
六日、丁未　朝晴夕陰、　実相院（増運、政家兄）令来給、是日講尺也、郁西堂（文紀曇郁）来、先読左伝、次三体講談也、如例、各詠作到来、又定来十八日之題、移松、次有和漢興、一折、及晩有一足、
（上欄補書1）「酉刻終有大地震、可恐〻〻、」
（上欄補書2）「参御経蔵、」
七日、戊申　午刻許大雨下、大霰交降、雷一両声、微音、（無程止、）酉刻又雷鳴降雨、（及晩止、）運教・哲書記・秀俊等来、入夜有一続興、三十首、人数運教・長泰（進藤）、各十首也、
（上欄補書）「参御経蔵、」
八日、己酉　晴陰、　季経朝臣来、有鞠・楊弓等興、入夜有糸竹興、至今日七日参御経蔵、
九日、庚戌　晴陰、　有続歌興、二十首、人数、有綱・余、各十首、
十日、辛亥　晴、　参御経蔵・聖廟等、天神経一巻書之、帰路参奥御所（政家叔母）、実門（増運）被来会、及黄昏帰宅、
（上欄補書）（ノチノ足利義尚）「武家若公（足利義政）今日色直云〻、」

春秋左氏伝ヲ読ム
三体詩講釈
詩会
和漢聯句
蹴鞠
地震
和歌会
蹴鞠
楊弓
管弦
此日マデ七日間御経蔵ニ参ル
和歌会
御経蔵並ニ北野社等ニ参ル
足利義政息色直

十一日、壬子 晴陰、

十二日、癸丑 晴陰、自申刻雨下、

蹴鞠
巡事

十三日、甲寅 晴陰、 有一足興、向行治(町)宿所、有小巡事、頭長泰、

豊原郷秋ニ笙ヲ習フ

十四日、乙卯 晴陰、昼程小雨灑、 郷(豊原)秋来、習笙、万歳楽、

十五日、丙辰 天晴、

(16張)

近衛房嗣ト共ニ千本辺ニテ女曲舞ヲ観ル

容顔美麗希代ナリ

美濃ノ者

十六日、丁巳 晴、 是日於千本栈敷、殿(近衛房嗣、政家父)有御見物〔女〕曲舞、余同、」女中亦(×又)被見物、及晩帰宅、抑件女曲舞自去十日(七日、)於千本舞勧進云々、彼女生年十九云々、容顔尤美麗、凡超過諸人、希代事也、舞拍子言語道断奇妙之至也、見物雑人四五千人計云々、美濃国人云々、先男舞露払、次十四五計児舞一番、次女一番舞了、児与女立合舞之、座者十余人計也、

巡事

(上欄補書)「入夜向行治宿所、巡事也、頭嗣賢(藤井)、以高(斎藤)、」

十七日、戊午 自今暁雨下、申刻止、

蹴鞠

十八日、己未 終日時々雨降、 聖護院令来給、谷坊来、有一足興、

蹴鞠
巡事

十九日、庚申 晴陰、 有蹴鞠興、入夜向行治在所、実円、仲尚頭也、

女叙位聞書到来

是日女叙位聞書到来、去十五日被行之云々、上卿中院大納言(通秀)云々、聞書如此、

従二位藤原信子(大炊御門、後土御門天皇母) 従三位源益子(白川)関白(二条持通)室、 従四位下藤原顕子(広橋)臨時、 従五位上次子王褰帳、

藤原命子（万里小路）褰帳、　菅原孝子（東坊城）典侍、　藤原春子（四辻）掌侍、　藤原修子（高倉カ）掌侍、　和気家子命婦、
賀茂尚子蔵人、　藤原親子（甘露寺）院（後花園上皇）御給、　従五位下源藤子采女、　紀季明東竪（豎）子、
外従五位下藤井近子内教坊、　桜井勝子女史、　桜井盛子掌縫、　藤井末子女孺、
桜井種子執翳、

文正元年四月十五日

賀茂祭

廿日、辛酉　陰、自未刻降雨、　是日賀茂祭也、

奥御所ニ宿ス

早旦参奥御所、実相院同被参、終日遊興、及黄昏実門令帰給、余今夜逗留也、

廿一日、壬戌　雨降、入夜止、　自奥御所帰宅、

三体詩講釈
春秋左氏伝ヲ読ム
和漢聯句

廿二日、癸亥　陰、　実相院令来給、是日三体講尺也、先読左伝、次有和漢、一折、今日詠作各到来、

詩会
蹴鞠

又定来月三日之題、楼上看山、及晩有鞠興、

国郡卜定
上卿義政

是日被行国郡卜定、上卿左大臣（義政）参勤云々、自申」刻被始行云々、

（17張）

（上欄補書）
「後聞、今日二条関白着衣冠参内云々、上卿之儀見物之云□（々）」

義政ニ上卿参仕ヲ賀ス
鷹司政平ノ車ニ同乗
蹴鞠

廿三日、甲子　晴陰、　早旦参武家、進太刀、昨日上卿御参仕目出御礼也、家門車聊被修理之間、余与鷹司大納言（政平）令同車畢、帰路向彼亭、一見庭了、則帰宅、晩景一足張行之、

卜定セラルル国郡

（上欄補書）
「伝聞、昨日卜定之国群（郡）、

近江坂田
備中下道」

増運ト共ニ女房舞ヲ観ル
廿四日、乙丑　陰、及晩小雨一滴、　是日聞女房舞、令同道実相院、於押少路大宮辺之桟敷聞之、

蹴鞠
尤有其興、帰宅之後有一足興、

勝負連歌
東方ニ火アリ
廿五日、丙寅　自去夜雨降、　是日張行勝負連歌、人数七八人、後聞、去夜子刻東方有火事云々、

地震
（上欄補書）
「戌刻許地震、」

廿六日、丁卯　自早旦大風吹、時々小雨灑、午刻以後止、

地震
酉刻地震、

郷秋ニ笙ヲ習フ
廿七日、戊辰　陰、時々見日景、　郷秋来、習笙、賀殿急、

蹴鞠
巡事
廿八日、己巳　天晴、　有蹴鞠興、入夜向行治宿所、巡事也、

今夜伊益（進藤）頭也、季経朝臣来、

廿九日、庚午　晴陰、　実相院白地令来給、物詣次云々、

五月大

大嘗会和歌作者ニ就キ勅問アリ
一日、辛未　晴、　右中弁広光（町）来、大嘗会悠紀・主基和歌作者事有勅問（後土御門天皇）、申（×仰）詞・自（×如）是（×此）可被注進之由被

仰詞

広橋綱光ニ悠紀並ニ主基両和歌作進ヲ仰スルモ一方ノミ領状ス

他方ヲ誰ニ仰スベキカ問ハル

近衛房嗣申詞

佳例タルニ依リ綱光ニ重ネテ仰スベキカ

菅原氏ニ仰ス例アリ

歌仙ニ仰スルハ時宜ニ依ルベシ

勅問ニ預カル人々

仰之、

仰詞如此、折紙也、

大嘗会和歌作者事、

一、就永享(二年、後花園天皇)例、両方作進事、(広橋兼郷)被仰広橋中納言(綱光)之処、末口伝之間難治、雖然於一方者可存知云々、

仍雖無儀同幷一位大納言作進例、就儒中可被仰哉事、

一、菅家詠進有其例之上者、可被仰歟否事、

一、雖為非成業幷歌仙輩可被仰哉事、条々宜被計申矣、」

(18張)

二日、壬申 晴、 昨日 勅問之御申詞、今日付奉行弁(広光)被進之、御使俊宣(北小路)也、御申詞如此、折紙也、

大嘗会和歌作者事、 ＊

一、就永享例被仰広橋中納言之処、両方作進事者申斟酌之由云々、雖然為御佳例之上者、重可被仰候哉、就中儀同幷一位大納言作進雖無其例、任代々芳躅可被仰之条、何事有哉、

一、菅家詠進有其例上者、無領状之仁者可被仰之条、不及予儀候歟、

一、於非成業輩者輙難計申、至歌仙者宜在時宜乎、

(補書、＊ニ記サレタルヲ此ニ収ム)「伝聞、勅問人数、

太閤(一条兼良)　殿(近衛房嗣、政家父)　入道前太政大臣(西園寺公名、法名永存)　三条入道内府(正親町三条実雅、法名常禧)　三条前左大臣(転法輪三条実量)　久我前右大臣(通尚)、」

巡事ノ頭ヲ勤ム

(上欄補書)「入夜向行治(町)宿所、巡事、余頭也、季経(四辻)朝臣来、」

内裏論語講義
清原業忠講ズ
出御アリ

三日、癸酉 自巳刻雨降、　伝聞、自去廿八日於　禁裏被講論語云々、清三位入道常忠(清原業忠)講釈申、西(×也)対屋簀子ニ敷円座祗候云々、主上(後土御門天皇)此所有御出云々、近臣之外不聴聞云々、季経朝臣相語之間記之、今日又御講尺云々、其間被置三日云々、

業忠大嘗会和歌作者ノ例ヲ勘申ス

(上欄補書)「大嘗会代々悠紀・主基和歌作者可注進之由、昨日仰遣常忠之処、今日書進之、」

四日、甲戌 午刻許雨止、又自申刻雨降、及晩止、

奥御所ニテ風呂ニ入ル
巡事

五日、乙亥 晴、　参奥御所(政家叔母)入風呂、及晩帰宅、入夜向行治許、巡事也、行治頭、

六日、丙子 陰、自○(申)刻降雨、　哲書記来、

七日、丁丑 晴陰、自早旦時々雨下、　昼程令物詣、

八日、戊寅 時々小雨灑、　殿有御物詣事、

春秋左氏伝ヲ読ム

是日講尺也、郁西堂(文紀曇郁)来、今日実門(増運、政家兄)聊依指合不令(×令)来給、然間余読左伝許了、講尺之事先以令延引、

詩会

去三日依西堂指合無其儀、度々延引無念也、今日詠作各到来、又定来廿日之題、五月榴花照眼明、

今宮祭追行
訴訟ニ依リ延引

九日、己卯 天晴、申刻雨灑、　是日今宮祭也、去七日依訴訟延引也、明後日還幸云々、」

房嗣勅撰百首ノ詠進ヲ仰セラル

(19張)
十日、庚辰 晴、　権右中弁氏長(甘露寺)来、申云、御百首事、来月三日以前可有御詠進之由、被仰出之由申之、如何様被申被得其意之由、

天下触穢

伝聞、去朔日北野社頭穢出来云々、不知其子細、社参之輩依令参内天下触穢云々、三十ヶ日、社人之従者堕入井云々、然而昨日今宮之祭如何、不審事也、

十一日、辛巳 陰、未刻許暴雨雷鳴甚、及晩止、

今宮祭還幸延引

今宮祭〇還幸延引云々、

十二日、壬午 雨降、

十三日、癸未 雨、酉刻許止、

十四日、甲申 天晴、 哲書記来、

大嘗会行事所始以下悉ク延引

依触穢、大嘗会行事所始以下悉延引云々、不快事也、

日野勝光ヨリ足利義政ノ近衛邸御成アランノ内意ヲ伝ヘラル

計会ニ依リ叶ヒ難キ旨ヲ答フ

十五日、乙酉 晴、 自一位大納言(日野勝光)許申送云、任先御代之例、家門へ武家(義政)可有渡御之由、内々可伝申之由候云々、近年毎事計会之間難叶候、如何様重而被仰可被申左右之由了、使諸大夫也、有御対面、此事被仰諸家云々、方々迷惑之由所聞也、於難渋之方者可有紀明有子細云々、珍事也々々々、

道興幕府ニテ祈禱ヲ勤ム

(上欄補書)「聖門(道興、政家兄)白地令来給、自去十三日於武家有修法云々、」

下京ニ物詣ス

十六日、丙戌 晴、 季経朝臣来、早旦余下辺令物詣、

勝負連歌蹴鞠

十七日、丁亥 晴、 令張行勝負連歌、晩景有一足之興、

豊原郷秋孫ニ笙ヲ習フ

十八日、戊子 晴、未刻許小雨下、(豊原)郷秋孫来、余習笙、壱越音取、

十九日、己丑 晴、

楊弓蹴鞠

廿日、庚寅 晴、〔有楊弓・鞠等興、〕晩景陰、小雷鳴、夜半許甚雨、雷鳴数刻、高声、恐懼無極者也、

(上欄補書)「有鞠興」

(20張)

廿一日、辛卯 晴、未刻雨降、小雷鳴、及晩止、

春秋左氏伝ヲ読ム 詩会

廿二日、壬辰 晴、郁西堂来、読左伝、無三体講尺、詩短尺少々到来、又定来月三日之題、暮鐘、去廿日依指合延引、

廿三日、癸巳 晴、聖護院令来給、

廿四日、甲午 晴、

廿五日、乙未 晴、

成仏寺ニテ法華経談義並ニ太平記読ヲ聴聞ス 蓮華王院開帳ヲ観ル

廿六日、丙申 晴、向成仏寺聴聞談儀、法華経、次読太平記、禅僧也、次参(蓮華王院)三十三間御堂、自去春比開帳也、

蹴鞠

廿七日、丁酉 晴、有一足興、

廿八日、戊戌 晴、哲書記来、

廿九日、己亥 晴、及晩雷微音、雨一滴灑、及半更甚雨下、

南方ニ火アリ

後聞、去夜丑刻許南方有火事云〻、

卅日、庚子 晴、申刻許雨下、

房嗣家領信楽郷直務ノ御内書発給ニ就キ義政ニ礼参ス

是日早旦殿令向武家給、江州信楽郷（甲賀郡）直務内書事、自去比以一位大納言被申武家了、彼内書一」（21張）昨日到来、為其礼令参給也、

六月小

北方ニ火アリ

一日、辛丑 晴、　戌刻北方有火事、無程消了、

和歌会

二日、壬寅 晴陰、　聖護院（道興、政家兄）令来給、有一続興、二十首、

御経蔵並ニ北野社等ニ参ル

春秋左氏伝ヲ読ム

詩会

三日、癸卯 陰、朝間小雨下、　是日参御経蔵・聖廟等、天神経一巻書之、是去月之分也、依触穢不参詣也、

郁西堂（文紀曇郁）来、読左伝、無三体講尺、実門（増運、政家兄）依指合也、詩短尺少〻到来、定来八日之題、夢雪、

諸所ニ喧嘩アリ

（上欄補書）「所〻有喧嘩云〻、然而無程静謐了、」

四日、甲辰 晴陰、自酉刻終雷鳴、入夜雷雨殊甚、電光更無止時、及子刻休了、

五日、乙巳 終日時〻暴雨（×風）雷鳴、

六日、丙午（×戊） 未刻夕立、則属晴、

祇園御霊会

七日、(×己)丁未・天晴、是日祇園御霊会也、

三体詩講釈
春秋左氏伝ヲ読ム
詩会

八日、戊申 晴、(増運)実相院令来給、郁西堂来、是日三体講尺也、先読左伝、短冊各進之、定来廿日之題、盆池荷花、

文紀曇郁ニ帷子ヲ与フ

帷一賜(曇郁)西堂、令祝着畢、

九日、己酉 晴、

十日、庚戌 晴、及暁更雨降、

十一日、辛亥 自早旦雷雨甚、昼以後休、

近衛房嗣足利義政御成ハ明年ヲ期ス旨ヲ答フ
一位大納言ヘノ書札礼

十二日、(×癸)壬子・晴、(補書)「是日〻野(勝光)一位大納言許へ自殿(近衛房嗣、政家父)御方被遣御書、武家(足利義政)渡御事、明年中必可被申之由也、当年之事条〻計会之由被載御書、上所常如[大][納]□[言]」(補書、十日・十一日条下ニアリ、今符号ノ意ニ依リ、此ニ収ム)「謹言、御判許也、凡一位大納言事、皆以雖存一段之儀、後深心院殿御記(近衛道嗣)ニ委細被載之、(延文三年九月十日条)仍如此被遣也、抑武家渡御事、或当年、或明年云〻、難渋之輩時宜以外不快云〻、」

房嗣勅撰百首ニ就キ飛鳥井雅親ニ意見ヲ需ム

(22張)
十三日、癸丑 晴、 殿勅撰(後土御門天皇)御百首今日被。遣撰者(飛鳥井雅親)許、為御談合也、題一、或二首、或一首被書載之、御使俊宣、(北小路)

端作

御料紙小高引、高一尺二寸、。入手筥之蓋被遣、於御清書者可為鳥子也、御端作、

(補書)「夏日同」詠百首和歌、自禁裏被仰出之時先例如此、

上皇下命ニ依ル撰歌ナレバ端作ヲ改ムベシ

従一位藤原｜

御所存之趣如此之由御尋之処、自　仙洞（後花園上皇）被仰出之間、御端作可相替候歟、兼又（×之由令申）御百首賜置候、

雅親一見シテ持参スベキ旨ヲ答フ

如何様加一見可令持参之由申之、

歴代記録ノ虫ヲ払フ

十四日、甲寅　晴、

房嗣義政ノ需メニ応ジ近衛邸指図ヲ進上ス

義政ノ山荘造営ニ資ス

十五日、乙卯　晴、　払代々御記虫、五合、（補書、十四日条下ニアリ、今符号ノ意ニ依リ、此ニ収ム）「家門殿之指図炎上以前之指図也、今日付広橋中納言（綱光）被進武家、先日以彼黄門自武家有所望、是東山辺ニ可被立山荘料云々、」

十六日、丙辰　晴、　払記録虫、五合、季経（四辻）朝臣来、

十七日、丁巳　朝晴夕陰、及黄昏雷雨、亥時終止、　有虫払、十合、

十八日、戊午　終日雨降、

十九日、己未　朝間小雨、則属晴、　有虫払、昨日依雨閣之、季経朝臣来、

大嘗会行事所始

（上欄補書）「大嘗会行事所（×儀）始云々、」

廿日、庚申　去暁甚雨雷鳴、自早旦又雷雨太、未時許休、猶終日小雨灑、　西堂依雨不来、無講釈、

御経蔵並ニ北野社等ニ参ル

廿一日、辛酉　夜来雷雨今朝止、終日時々小雨下、

是日雨脚之隙、参御経蔵・聖廟等、天神経一巻書之、四・五・当月分三巻奉納之、

廿二日、壬戌　終日降雨、黄昏風吹、

虫払ヲ終フ

廿三日、癸亥 朝間雨下、未刻属晴、及昏天雷、小雨灑、
払御記虫、十一合、
廿四日、甲子 天晴、 虫払至今日終功了、九合、」

土御門富小路辺ニ火アリ

(23張)後聞、去暁卯刻許、土御門富少路辺有火事云々、

三体詩講釈 春秋左氏伝ヲ読ム 詩会

廿五日、乙丑 晴、午時雨灑、入夜又雨降、
実相院令来給、郁西堂来、三体詩講尺也、先読左伝、詠作各出来、又定来月三日之題、天上秋期近、東韻、
廿六日、丙寅 夜来雨及晩止、 季経朝臣来、
廿七日、丁卯 晴、申刻雷雨、無程止、

猷意峰入ヨリ帰洛シ来ル

理覚院僧正猷意来、山臥〔×伏 也〕之形也、自去春比入峰、此間帰洛云々、殿幷余相逢、
(上欄補書)「哲書記来、」
廿八日、戊辰 晴、 早旦密々物詣、秀俊来、

本満寺ニテ近衛忠嗣十三回忌ノ法事ヲ始ム

明日後普賢殿〔寺脱〕弟〔第〕十三廻也、(近衛忠嗣、政家祖父、享徳三年六月二十九日没)自今日於本満寺有法事、大乗妙経一部令読誦云々、殿有御聴聞、自実相院為追善法華経一部摺写、・馬代五百疋等被進之、
廿九日、己巳 晴陰、晩景小雷微雨不及湿地、

房嗣ト共ニ本満寺ニ参リ法事ヲ聴聞ス
房嗣百箇日精進断酒ヲ遂グ
政家ノ精進ハ三十日タリ
今宮社還幸追行

是日後普賢寺殿弟〔第〕十三年也、於本満寺有頓写、法華経、殿同余行向聴聞、頓写之内殿幷余各一把令結縁之、提婆品之内、次聞談議(×儀)、帰宅、至今日殿御精進断酒也、百日、余三十ケ日精進也、
今日今宮還幸云〻、此間依訴訟延引、
(上欄補書)「自宝池院(政深、政家兄)被進折紙、五百疋、為追善也、」

七月大

藤井嗣賢ニ直垂ヲ与フ

一日、庚午　雨降、　直垂一具賜嗣賢(藤井)、

道興十九日ヨリ諸国巡礼ニ出ントス

二日、辛未　晴、朝間陰、
(24張)
聖護院(道興、政家兄)・実相院(増運、政家兄)等令来給、聖門自来十九日可」有諸国巡礼云〻、

政深ヨリ贈ラルル草花ヲ後土御門天皇ニ献ズ

三日、壬申　晴、　自宝池院(政深、政家兄)賜草花、則進禁裏(後土御門天皇)、被仰御悦喜之由、草花又遣郁西堂(文紀曇郁)許、先日所望之由依相示也、講尺今日延引、

四日、癸酉　晴、

足利義視直衣始

五日、甲戌　晴、　是日今出川殿(足利義視)直衣始也、公卿両人・殿上人三人連軒〻▨軒、前駈両人、申刻許参内云〻、

六日、乙亥(×酉)　晴陰、晩景小雷雨、不及湿地、

和歌会
院ニテ楽アリ
内裏ニテ楽アリ
義視邸ニ参リ直衣始ヲ賀セントス
衰日ニ依リ対面能ハズ
義視ニ対面シ直衣始ヲ賀ス
成菩提寺ノ塔ニ雷落ツ
道興諸国巡礼ノ暇乞ニ来ル

季経朝臣来、
(上欄補書)「早旦物詣、」
七日、丙子 雨降、及晩止、有続歌興、二十首、今夜仙洞(後花園上皇)御楽云々、
八日、丁丑 晴、晩景雷雨、 今夜於 禁中有御楽云々、
早旦参今出川殿、先日直衣始礼也、同久我前右府(通尚)参、然而今日今出川殿徳日云々、番衆示不能披露之由間、空帰宅、明日例日、明後日重而可参也、▨▨▨▨▨▨▨▨▨▨▨▨▨
九日、戊寅 雨降、及晩止、
十日、己卯 晴陰、 早旦参今出川殿、進太刀、直衣始礼也、有対面、久我前右府同参、
十一日、庚辰 晴、申刻雷雨高声、近来以外事也、一条辺成菩提寺塔ヘ落、取塔中之仏舎利畢、(同本)云尊御顔蹴破之云々、希代事也、
(上欄補書)「早旦物詣、」
十二日、辛巳 晴、及黄昏小雨下、 酉刻許宝池院令来給、入夜令帰給、
(上欄補書)「早旦物詣、」
十三日、壬午 晴、及晩小雨一滴灑、」
(25張)聖護院・実相院・奥御所(政家叔母)等令来給、各入夜御帰宅、抑聖門自来十九日。(可有)諸国可有巡礼也、今日為

御仮〔暇〕乞被参処〻云〻、山臥形也、
（上欄補書）
「若公（ノチノ政弁、政家弟）今夕被向藤中納言（武者小路資世）許、」

下京ニ落雷アリ

十四日、癸未 陰、申刻許暴雨、雷鳴高声如一昨日、下辺ヘ落云〻、

大嘗祭御禊行幸ノ供奉ヲ仰セラル

頭弁俊顕（坊城）朝臣来、相示云、来十月御禊行幸、余本陣供奉事、可存知之由被仰下之、毎事計会之間、旁難事行子細候、万一秘計事行候者、被仰可令参勤之由之処、此事以御教書可申入存候之処、定而可有御故障候歟、所詮以参上可申由　勅定候之間、如此令申候、御参否臨期相違之儀出来候者、為公私不可然候、早速可被申参否由申間、何様重而被仰可有思案之由、殿（近衛房嗣、政家父）有御対面、
十五日、甲申 朝間時〻降雨、午刻以後属晴、至今日夏中、仏神ニ供榼畢、

御経蔵並ニ北野社等ニ参ル

十六日、乙酉 天快晴、　参。御経蔵・聖廟等、天神経一巻書之、帰路参奥御所、及昏黒帰宅、伝聞、一昨日之雷数ケ所ヘ落云〻、可恐〻〻、余行幸供奉事旁難事行由、付奉行被申御返事、

御禊行幸供奉ヲ辞退ス

十七日、丙戌 終日時〻雨下、
十八日、丁亥 晴、

永享度左衛門督供奉ノ例以テ催アリ
摂関息ノ衛門督供奉ノ近例無シ
督ヲ辞シテ中将兼帯アランコトヲ望ム

抑余御禊行幸供奉辞退之事、雖以奉行弁申入、猶〻可然様可申入之由、相示広橋中納言（綱光）之処、此事永享度（二年十月二十六日）。以（日野秀光）左衛門督本陣供奉例、被相催之由申間、又重而仰遣云、毎事不具、難事行上、且又摂関息金吾本陣供奉事、近代無其例歟、旁以故障候、雖然被仰下永享之御佳例之由間、所詮。可

藤原内経ノ例ヲ避ケ中将復任マデ日数ヲ空クベシ

辞《申》。左衛門督也、中将兼帯之事可有申沙汰之由仰遣之処、可存知由有返答、
抑自三位中将任権中納言。左衛門督《兼》後中将復任(去督、)之事、(藤原内経、嘉元三年三月十八日左衛門督ヲ去リ右中将ニ遷ル)芬陀利華院関白之外無其例所見、
彼例聊不快之間、替様辞退督之後経四五日可申羽林事也、

大嘗会和歌作者治定ス

(上欄補書)
「伝聞、大嘗会悠紀・主基和歌、
一方柳原大納言、(資綱)
一方広橋中納言云々、」

久我嗣通自害

毎事器用ノ仁生年十八歳

(26張)

(補書、二十日条下ニアリ、今符号ノ意ニ依リ、此ニ収ム)

十九日、戊子 晴、「伝聞、去夜久我中納言。通《嗣》嗣卿令自害云々、条々述懐之事等連々在之云々、不知其故、前代未聞事也、彼卿毎事器用之仁也、生年十八歳云々、不便々々、可惜々々、」若公自藤中納言許帰宅、

実相院領ニ訴訟アリ

廿日、己丑 晴、
聖護院(山臥之形也、)・宝池院等令来給、聖門御巡礼延引廿二日也、酋〔酉〕刻許実相院令来給、門跡領就公事篇遅参之由被申之、晩景各御帰宅、

三体詩講釈延引

詩会

郁西堂・哲書記来、是日可有講尺之由相定之処、今日忩劇之間、令延引来廿八日也、於短尺者各到来、定来廿八日之題、墻陰蛩声、二冬韻、
(上欄補書)
「藤中納言・季経朝臣等来、」

道興巡礼ニ発ツ

巡礼ノ国々

楊弓

斯波義敏幕府ニ出仕ス
足利義政斯波義廉ヲ却ケ義敏ヲ家督ニ定ム
山名持豊ハ義廉ニ合力トノ説
大乱ニ及ブカ

廿一日、庚寅 晴、
廿二日、辛卯 晴、
是日聖護院巡礼也、早旦実相院・宝池院令来給、聖護院被過家門之西門前、巳刻、室町、為其見物各令来給也、先令参講堂〔革〕(行願寺)給云々、其帰路室町也、歩行、山臥四五十人京中打送、坊官以下一二百人也、開西門、自戸陰殿・余・実相院・宝池院等令見物之、
今度巡礼国々
山城　大和　摂津　丹波　近江　美濃　尾張　幡〔播〕磨　但馬　和泉
河内　紀伊　伊勢　若狭　丹後　備前　備中　備後　安芸
(上欄補書)「楊弓張行之、及晩両門跡被帰、季経朝臣・秀俊・哲書記等来、」
廿三日、壬辰 晴、
廿四日、癸巳 晴、　是日筑紫武衛(斯波義敏)令出仕、可為家嫡由、昨日自武家被仰出云々、退京武衛(斯波義廉)治部大輔云々、可合力筑紫武衛由被仰付諸大名云々、山名(持豊)可合力治部大輔由有世聞、此間有所縁子細云々、可及大乱歟、珍事也、
廿五日、甲午 晴、　物忩、種々有雑説、
廿六日、乙未 晴、及暁鐘小雷雨、

烏丸資任ヨリ内裏御料所灰方郷ニ就キ使者来ル
乾方ニ火アリ
房嗣日野勝光ヲ訪ネ実相院領ニ就キ談ゼントス
足利満詮旧領ヲ義視近習ニ給セントノ説アリ
房嗣久我嗣通ヲ弔フ
春秋左氏伝ヲ読ム
詩会
琉球使義政ニ重宝ヲ献ズ
一条邸ニ盗賊入ル
義視息誕生ス

自烏丸儀(資任)同許有使、　内裏御料所灰方郷(山城乙訓郡)事也、」

(27張)
廿七日、丙申　晴、　子刻乾方有火事、無程消了、
秉燭時分殿密(×参)ゝ令向日野大納言(勝光)亭給、留守之間、祗候武家云ゝ、則御帰宅、此事依実相院領事也、小川殿(足利満詮)料所諸門跡寄進、近習者知行分可被進今出川殿由、自去比有其沙汰、或就女中申抜仁体等有之云ゝ、実相院ニ小川殿寄進在所有四五ケ所云ゝ、珍事也、
(上欄補書)「被遣使於久我前右府(通尚)許、子息黄門(嗣通、本月十八日没)事也、種ゝ迷惑由有返答、」
廿八日、丁酉　晴、　郁西堂来、読左伝、於講尺者延引、依実門指合也、短尺到来、又定来三日之題、葦間繋船図、江韻、
入夜武衛辺種ゝ有雑説、武士等群動、而無指事、
(上欄補書)「琉球人自去比来朝、今日参武家云ゝ、用脚(×却)以下重宝令進上云ゝ、」
廿九日、戊戌　朝間雷雨、　武衛事自去夜無為之由有世聞、
(上欄補書、三十日条上欄ニアリ、今符号ノ意ニ依リ、此ニ収ム)「去夜一条家門へ小盗乱入云ゝ、」
卅日、己亥　晴、　今出川殿御台(日野良子)一位大納言(勝光)妹、今日有産事、男子云ゝ、(ノチノ足利義材)

八月大

八朔贈遺

一日、庚子 早旦雨灑、 中秋之風俗如例年、

禁裏(後土御門天皇)・仙洞(後花園上皇)。〈・室町殿(足利義政)・同若公(ノチノ足利義尚)・今出川殿(足利義視)・。〉伏見殿(貞常親王)等如恒年被送進、一位大納言(日野勝光)・管領(畠山政長)・細川(勝元)・

山名持豊ヨリ贈遺アリ

山名(持豊)当年自彼方送進、等同被送遣之、

楊弓

二日、辛丑 晴陰、 季経朝臣(四辻)来、有楊弓興、

足利義視ニ息誕生ヲ賀ス

霍乱ニ依リ対面無シ

三日、壬寅 晴陰、 未刻許参今出川殿、若公(ノチノ足利義材)誕生之礼也、進太刀、産所種村宿所(視元)云々、以使者遣太刀於若公并種村等、示霍乱之由無対面、

九条政基ヨリ狩衣並ニ指貫ノ借用ヲ請ハル

四日、癸卯 申刻許雷雨、晩景止、「(補書)唐橋宰相(在治)来、自九条大納言(政基)余狩衣・指貫等可借用之由被示之、無子細之由令返答、」

三体詩講釈
春秋左氏伝ヲ読ム
詩会

五日、甲辰 陰、 実相院(増運、政家兄)令来給、西堂(文紀曇郁)来、講尺也、先読左伝、短尺到来、定来十六日之題、松窓翫月、支脂韻、

季経朝臣来、

政基ニ狩衣等ヲ貸ス

「(上欄補書)今朝狩衣・指貫借進九条殿、晩景返賜、被示悦喜之由、」

中将兼任ノ宣旨到来

(28張)

六日、乙巳 晴、 是日余兼中将、師藤朝臣(中原)持来 宣旨、以人伝取、去月廿五日 宣下、聊依物忩令遅々由相示之、

杉坊道興ニ同道ノ為西国下向
世上ノ雑説流布ス
道興紀伊辺ニ到ル
家記等ヲ岩倉ニ移ス
洛中騒動諸大名ノ軍勢上洛
斯波邸周辺ニ騒動アリ
斯波義敏弟幕府ニ出仕ス
下京ニ物詣ス

七日、丙午　晴、　杉坊来、殿(近衛房嗣、政家父)有御対面、一両日間西国下向云々、与聖門(道興、政家兄)為同道也、
八日、丁未　晴陰、晩景小雨一滴、入夜雷雨、　世上事種々有雑説、事々難尽筆端、以外事也、
自聖護院被送書状、紀州辺ニ下着云々、
九日、戊申　晴、　世上事近日可及大乱之由、自方々相示之間、代々御記等伍十合、今日遣石蔵、自
実門(増運)依被命也、洛中騒動以外事也、諸大名軍勢上洛云々、
十日、己酉　晴、　藤中納言(武者小路資世)・哲書記来、相談世上事、
十一日、庚戌　晴、　季経朝臣来、
十二日、辛亥　晴、　自暁更武衛辺騒動、軍勢馳集、依雑説互如此令騒動云々、今日竹王(ノチノ斯波義孝)修理大夫入道(斯波持種、法名道顕)子、兵衛佐(斯波義敏)舎弟、
出仕云々、其間▨▨筆端事難尽筆端、
及黄昏岩坊来、聖門御巡礼珍重候、就中世間物忩之間、無御心元之由申之祗候、被仰御悦喜之
由、殿有御対面、
(上欄補書)「文紀西堂・哲書記・季経朝臣等来、」
十三日、壬子　自早旦時々雨降、　未刻許下辺令物詣、
(上欄補書)「端御所(政家姉)被来、」
十四日、癸丑　夜来雨、及晩止、

石清水八幡宮放生会延引

近衛房嗣河鰭公益ニ指貫ヲ与フ

三体詩講釈

春秋左氏伝ヲ読ム

詩会

御経蔵並ニ北野社等ニ参ル

家領信楽郷ヨリ兵士ヲ喚ブ

房嗣勅撰百首和歌ノ詠進ヲ足利義政ヨリ督促セラル

一条教房奈良ニ下ル

一条政房八幡ニ移ル

十五日、甲寅　晴、明月殊勝〻〻、　放生会延引云〻、

(上欄補書、十六日条上欄ニアリ、今符号ノ意ニ依リ、此ニ収ム)
「殿御指貫賜公益卿(河鰭)、依申請也、」

十六日、乙卯　晴陰、　実相院令来給、郁西堂来、三体講尺也、先読左伝、詠作各到来、定来廿八日(29張)題、聞雁、微韻、」季経朝臣(千本)・定基朝臣等来、

十七日、丙辰　晴陰、　参御経蔵・御霊・下御霊・聖廟等、天神経一巻書之、及晩宝池院(政深、政家兄)令来給、今日令参御霊給便宜云〻、無程被帰宅、

十八日、丁巳　陰、風吹、自未斜小雨下、　小〔木〕幡新〔真〕光院来、

自信楽(近江甲賀郡)雑兵五十人、上洛、依物忩自去比被仰下可令上洛之由了、静謐之間可被留置也、被置三福寺、

十九日、戊午　陰、時〻微雨灑、風吹、　晩景奥御所令帰給、

(上欄補書)
「奥御所(政家叔母)令来給、」

哲書記来、世上之事種〻有雑説、

廿日、己未　晴陰、　自日野一位大納言許申送云、　勅撰御百首当月中可被進之由被仰出云〻、自撰者(飛鳥井雅親)許御詠草未到来之由有御返答、則被仰遣撰者許之処、申他行之由、

(上欄補書)
「伝聞、一条前関白(教房)南都大乗院、下向云〻、亜相(一条政房)又八幡へ移住云〻、京都依物忩也、自去比之事

一条兼良ハ京都ニ残留

武士等群動ス

房嗣後花園上皇ヨリ御禊行幸見物御幸ノ車寄参候ヲ仰セラル

奥御所ニ栗ヲ拾フ

義敏幕府ニ出仕ス

和歌会

春秋左氏伝ヲ読ム

詩会

飛鳥井雅親房嗣ノ勅撰百首草本ニ批点並ニ添削ヲ加フ

永享度ノ装本ニ倣ヒ義政ニ献ズベシ

也、大閤〔太〕家門(一条兼良)ニ令残留給云々、不審々々、」

廿一日、庚申 陰、時々小雨下、 哲書記来、世上之事大乱可出来之由相語之、去暁武士群動、又無殊事、「(補書、二十二日条下ニアリ、今符号ノ意ニ依リ、此ニ収ム)可有種光(武者小路)朝臣来申云、御禊行幸 仙洞御見物、御車寄之事可有御参之由被仰出云々、条々難事行由有御故障、彼朝臣院司也、」

廿二日、辛酉 時々雨降、

廿三日、壬戌 晴、 哲書記来、

廿四日、癸亥 晴、 参奥御所、拾栗、及晩帰宅、

廿五日、甲子 晴、 是日兵衛佐(ノチノ斯波義良)・松王・修理大夫等出仕云々、世上事以外急々云々、

廿六日、乙丑 晴、

廿七日、丙寅 晴、 有続歌興、十首、」

(30張)

廿八日、丁卯 晴、 西堂来、読左伝、於講尺者延引、実門依指合也、短尺各到来、又定来七日之題、東籬採菊、魚韻、

今日自飛鳥井大納言(雅親)許進御百首草合点、又小々直付所等有之、此間連々有御催促、如永享(六年)度書双紙可被進武家(義政)之由申間、彼度之双紙一帖為本様今日被借召飛鳥井、端作以下書様如奏覧之巻物〃〃〃。双紙、料紙、モリシタ、水打也、表紙、青色如常、唐トチ也、

房嗣義政ニ献ズル勅撰百首双紙ヲ雅親ニ送ル

上皇ニ奏覧ノ巻子ハ後日進上ノ旨ヲ申ス

多羅尾玄頴家領信楽郷直務ノ御内書ノ借用ヲ請フ

日野勝光ノ仲介ニ依リ玄頴息多羅尾嗣光ニ手交ス

勝光ノ証状並ニ勝光書写ノ御内書案ヲ受取ル

御禊行幸見物御幸ノ車寄参候ハ久我通尚ニ仰セラル

一条町辺ニ火アリ一条兼良ニ近火ヲ見舞フ

廿九日、戊辰 晴、　松茸折一合被遣飛鳥井許、

卅日、己巳 晴陰、　勅撰御百首御双紙今日被〇遣撰者許、以引合二枚裹之、以水引結之、置手筥蓋、　何様可進武家之由有返答、奏覧之一巻之事、来十日以前申可被進之由、

多羅尾四郎嗣光、此間上洛、今日参殿中、抑近江国信楽郷直務事、去五月廿八日武家之内書在之、此内書可被預下之由、多羅尾玄頴参河入道、嗣光父、頻申間雖望申、御難渋之処、此間連々日野大納言口入申之間、今日被預下多羅尾、日野大納言就執申、為後証可進彼卿状之由被仰之処、今日書進、又同写進武家之内書、多羅尾父子又堅進請文、載精[誓]文、御内書御用之時者、雖為何時可進上之趣也、為後証以彼卿之自筆被仰可写進之由了、信楽郷代官職事、伊賀国人成妨云々、為〇退彼競望申、可被預下武家内書之由也、

(上欄補書)「種光朝臣来、相語云、御禊行幸御見物之御幸御車寄之事、被仰久我前右府(通尚)云々、行幸令過仙洞之御桟敷前給時、被向　鳳輦云々、其時　上皇令降簀子給、月卿・雲客降地令蹲踞云々、然間摂関人非〇可降地、堂上又無便宜間、被仰前右府云々、先日殿御参事有催、御忘却之由有仰云々、彼朝臣御幸申沙汰云々、」

九月小

一日、庚午 夜来雨、申刻止、　去夜丑刻許北方有火事、一条町小家云々、一条家門(兼良)近所間、則進

使、今日自彼家門有使、去夜之使悦喜之趣也、余相逢、

兵士家領信楽郷ニ帰ル

二日、辛未 天晴、 信楽(近江甲賀郡)兵士罷下了、

三日、壬申 夜来雨、午刻以後止、風吹、

(31張)

四日、癸酉 晴、

近衛京極辺ニ火アリ
武士等群動

五日、甲戌 晴、 丑刻東方有火事、近衛京極辺云々、為物取被焼亡云々、抑今夜自子刻許武士等群動、不(知脱カ)其故、如何々々、

足利義視細川勝元邸ニ逃ル
伊勢貞親ノ計略ニ依リ足利義政義視ヲ誅殺セントス
義視貞親ノ処罰ヲ需ム
東方並ニ乾方ニ火アリ
斯波義廉軍勢町々ニテ太刀並ニ刀ヲ奪フ

六日、乙亥 晴、 伝聞、今出川殿(足利義視)自去夜被移住先職(細川勝元)宿所云々、其子細者、勢州(伊勢貞親)依申沙汰、自室町殿(足利義政)可被誅戮今出川殿之由、或仁体告申間、俄夜陰被罷向先職、無咎子細条々被歎申云々、勢州可被失勢州之由堅被訴訟云々、此事可及大乱歟、珍事々々、申刻許東方有火事、又入夜乾方有火事、悪党・物取等令乱入酒屋云々、治部大輔(斯波義廉)被官軍勢於近所町々奪取太刀・刀云々、如今者京中堪忍難叶者歟、迷惑之外無他、

「(上欄補書1)岩坊来、依物忩也、余相逢、」

「(上欄補書2)藤中納言(武者小路資世)来、」

斯波義敏並ニ貞親没落

七日、丙子 晴、及黄昏小雨灑、

世上之事以外物忩、凡迷惑之外無他、伝聞、兵衛佐(斯波)義敏・伊勢守貞親朝臣、去暁令没落云々、

候人斎藤以高宅ニ朝倉孝景被官乱入ス
義敏被官ノ寄宿スルヲ疑フ
西方並ニ南方ニ火アリ
近衛房嗣岩松明純並ニ富樫孫衛門ニ対面ス
昨夕祇候スルヲ賞ス
徳政ノ沙汰
鷹司正親町辺ニ火アリ
義視其邸ニ戻ル
増運幕府ニテ祈禱ヲ勤ム
道興不在ノ替

酉刻許近所以高(斎藤)宿所、小家へ朝倉(孝景)被官者数十人〇(令)乱入之間、祇候侍以下兵士罷向相禦処、両方知音者相宥間、先引退畢、已以及大儀畢、然而両方無殊事、抑此事相尋子細処、義敏被官者此間令寄宿云々、雖然当時無其儀由加問答了、此宿之事先示預申由令退散、明日以使者可被〇(仰)朝倉也、

(上欄補書)「祇薗執行(顕重)来、余相逢、」

八日、丁丑 晴、　早旦西方有火事、午刻許又南方有火事、世上事種々有巷説、今出川殿未無帰宅云々、

新田岩松(明純)・富樫(孫衛門)伏見等来、殿(近衛房嗣、政家父)有御対面、昨夕物忩之時、彼両人早々祇候之間、以使者被仰御悦喜之由了、為其礼来也、

(上欄補書)「定基朝臣(千本)・哲書記等来、」

九日、戊寅 晴陰、　世上事未落居云々、毎日武士等騒動、有徳政之沙汰、亥刻北方有火事、鷹司正親町、」

(32張)
十日、己卯 自去夜降雨、及晩止、　世上事種々有雑説、

十一日、庚辰 晴陰、未刻小雨灑、　今夕今出川殿御帰宅云々、於于今者静謐歟、珍重々々、

(上欄補書)「実門(増運、政家兄)自昨日於武家被参勤御修法、聖門(道興、政家兄)巡礼之間手替也、是年々事也、」

十二日、辛巳 晴、

十三日、壬午 晴、明月殊勝〻、 物忩静謐之由有沙汰、

義廉幕府ニ出仕
義敏没落
息松王ハ京都ニ残留

十四日、癸未 晴、 是日治部大輔出仕也、過西門前之間令見物、警固武士等不知其数、頗驚目畢、抑松王(ノチノ斯波義良)・修理大夫(斯波持豊)・竹王(ノチノ斯波義孝)等雖兵衛佐没落、猶残留上辺宿所云〻、不知其故、従類三四百人同相従云〻、

房嗣後花園上皇ニ松茸ヲ献ズ
坤方ニ火アリ

(上欄補書)「松茸折一合被進仙洞(後花園上皇)、」

十五日、甲申 晴陰、 去暁卯刻許坤方有火事、

安養坊来、殿有御対面、余同之、

十六日、乙酉 自未明雨降、及晩止、

杉坊上洛シ道興近日帰洛ノ旨ヲ伝フ

十七日、丙戌 陰、申刻許微雨洒、 杉坊来、京都物忩以外之由、田舎辺有其聞間、且先御使分ニ可上洛由有聖護院(道興)命間、申罷上之由、聖門今月廿四五日可有帰京云〻、

十三日流星ハ前年ト日時ヲ同ジクス

伝聞、去十三日夜子刻終、如去年有流星云〻、但無動揺、自艮入坤云〻、月日時刻不違去年、太以希代事也、

義廉並ニ孝景ニ太刀ヲ贈ル
孝景ハ家領宇坂荘代官

(上欄補書)「被遣太刀於治部大輔許、今度無為出仕目出之趣也、使時顕(西洞院)朝臣、同被遣朝倉許、依為家門領(越前宇坂荘)代官也、使行量(町)、各他行云〻、」

松茸ヲ採ル
義政並ニ義視ニ献ズ

十八日、丁亥 晴、 実相院(増運)・宝池院(政深、政家兄)令来給、是日恒例松集也、松茸小長櫃一合被進武家(義政)、又一合

房嗣後土御門天皇ニ松茸ヲ献ズ
三体詩講釈 春秋左氏伝ヲ読ム
詩会 和漢聯句
房嗣勅撰御百首和歌巻子ヲ後花園上皇ニ献ズ
近衛道嗣ノ旧本ニ倣フ
上皇ノ命ニ依ル撰歌ナレバ端作ヲ改ム
封様モ道嗣ニ倣フ
道興帰洛ス

被進今出川殿、各悦喜之由有返答、使長泰（進藤）、
（上欄補書）「郁西堂・哲書記（文紀曇郁）等来、」
十九日、戊子 自巳刻降雨、
廿日、己丑 晴陰、 松茸小長櫃一合被進禁裏（後土御門天皇）、
廿一日、庚寅 晴、風吹、 実相院令来給、西堂（曇郁）来、講談也、先読左伝、詩短尺到来、定来廿七日之
（33張）題、砧声、虞模、依物忩此間令」延引了、次有和漢聯句興、百韻、至暁天、
勅撰御百首巻物、今日付頭弁「左中弁・俊顕（坊城）」○「被」字ヲ擦消シタル上ニ記ス、被 奏覧、御端作・御料紙以下、以後深心院（近衛道嗣）殿旧本被用本様、但今度自 仙洞依被仰出、御端作応製臣上也、巻物上以同紙一枚為礼紙、ヲナシ紙ホソ[サ]五分ハカリニタチテ、ソノ上ヲ書状ナトノ様ニ被封之、其上ニ有封字、又同紙二枚ニテヨコサマニ被裏之、載柳筥以水引一筋被結付、柳筥ノアハヒヨリイタシテコレヲムスヒ付也、先例雖被添御書、内〻今度以使者被遣了、封様巨細不見御記、今度被仰合広橋中納言（綱光）、彼卿封字所ニ御名字上一字書之云〻、雖然後深心院殿御記（延文三年二月二十八日条・永和三年三月十八日条）被載封字由、有御所見間如此、政為朝臣（下冷泉）ニ御談合之処、当家不封、二条家流申如此由、
（上欄補書）「伝聞、聖護院今日帰京云〻、」
廿二日、辛卯 晴、 午刻地震、昼程実門令帰給、

道興ノ帰洛ヲ賀ス

是日以書状聖護院中御帰京目出度由、一両日間可有光臨由有返答、

久我通尚ヨリ弔問ヲ謝セラル

「(上欄補書)自久我前右府(通尚)許有使、先日(七月二十七日)之使之礼也、子息(久我嗣通、本年七月十九日没)事時也、于今遅々、忘却歟、」

御経蔵並ニ北野社等ニ参ル

道興来ル

廿三日、壬辰 晴、「(補書、二十二日条下ニアリ、今符号ノ意ニ依リ、此ニ収ム)是日参御経蔵・聖廟等、天神経一巻書之、七・八・当月分三巻奉納之、」聖護院令来給、是日被参処々云々、物忩之時分一事無違乱之条祝着無比類、書記来、

春日油小路辺ニ火アリ

丑刻許坤方有火事、春日油少路辺云々、

候人大中臣望長ノ身上ニ就キ義廉ニ使ヲ遣ハス

「(上欄補書)被遣御使於治部大輔許、就望長(大中臣)身上事也、」

大嘗会節会次第ヲ書写ス

廿四日、癸巳 晴、 大嘗会節会次第以或本書写了、

(四辻)季経朝臣来、智恵光院々主来、

蹴鞠

廿五日、甲午 晴、 聖護院・実相院・宝池院令来給、有鞠興、

智恵光院来、季経朝臣来、

蹴鞠

廿六日、乙未 晴、及晩小雨下、 有蹴鞠興、季経朝臣・定基朝臣・哲書記等来、

廿七日、丙申 晴、 小幡〔木〕真光院来、殿有御対面、余同之、

春秋左氏伝ヲ読ム

詩会

西堂来、読左伝、依無実門光臨講談延引也、詩短冊到来、定来四日題、人迹板橋霜、斉韻、」

恵撤三福寺住持ヲ逐ハル

清和院住持康同ノ兼帯ヲ許ス

廿八日、丁酉 晴、 智恵光院来、三福寺長老恵撤、無正体之間、為僧衆令追出云々、清和院住持康同、可相 (34張)

兼三福寺之由令競望間、今日被成御教書了、

鷹司政平ニ残菊ヲ贈ル

秋菊残英進鷹司亜相(政平)、悦喜之由有返答、

奥御所ニ参リ風呂ニ入ル

廿九日、戊戌　晴、　参奥御所(政家叔母)、入風呂、及黄昏帰宅、

十月大

一日、己亥　晴陰、申刻許時雨下、風吹、
政(下冷泉)為朝臣・大外記師(中原)藤朝臣等来、理覚院僧正(献意)来、

行願寺辺ニ火アリ

二日、庚子　晴陰、風吹、　申刻許乾方有火事、講(革)堂(行願寺)前小家云〻、数刻焼了、

智恵光院来ル三福寺住持ニ就キ談ズ

智恵光院来、三福寺住持事、聊有相違事、

平座並ニ駒牽追行

「(上欄補書)伝聞、昨日平座如例云〻、次有駒牽云〻、八月十六日延引也、其時分世上物忩之間、無其儀云〻、」

一条兼良ヨリ近火見舞ヲ謝セラル

三日、辛丑　晴陰、　昨日焼亡、一条家門(兼良)依為近所進使之処、今日以使者被示悦喜之由、余相逢、

大館政重ト三福寺住持ニ就キ談ズ

大館二郎(政重)来、就三福寺住持事有申子細、

前日道興巡礼ニ発ツ

「(上欄補書)自昨日聖門(道興、政家兄)丹波・幡(播)磨辺被巡礼云〻、今度相残所也、」

四日、壬寅　天晴、　講尺延引、

五日、癸卯　晴陰、夜来雨、未明止、

六日、甲辰 晴、参奥御所、（政家叔母）実相院（増運、政家兄）被来会、紅葉盛也、入夜帰宅、

政深ノ需メニ応ジ二十首歌題ヲ贈ル

早旦自宝池院（政深、政家兄）余出題所望之間、書進之、二十首題也、堅雖令斟酌、頻被命間、不顧嘲哢也、又鞠一足」借進了、

（35張）

院犬死穢政始延引

（上欄補書）「仙洞犬死穢出来云々、明後日之政始延引云々、」

七日、乙巳 晴陰、

三体詩講釈春秋左氏伝ヲ読ム詩会

八日、丙午 晴陰、時々雨下、 実相院令来給、文紀西堂（曇郁）来、三体講尺也、先読左伝、詩短尺各到来、定来十八日之題、乱山夕陽図、佳皆、季経朝臣（四辻）来、

広橋綱光軽服ニ依リ大嘗会和歌作者ヲ辞ス烏丸季光ニ仰ス

伝聞、広橋中納言（綱光）〇此間依▨軽服去月辺夷（姨）母死去云々、辞申大嘗会和歌事之間、被仰出侍従季光（烏丸）右大弁（烏丸益光）舎弟、云々、日数相迫之間、定迷惑歟、臨期軽服出来、希代事也、

（上欄補書）「自宝池院返賜鞠、」

道興巡礼ヨリ帰洛ス

（36張）

九日、丁未 晴陰、 入夜聖門令来給、巡礼下向也、今日彼徳日之間、明日可被帰宅門跡云々、今夜此所逗留也、

十日、戊申 晴陰、時雨下、 申刻[許]聖護院令帰給、

二条持通息政嗣拝賀ニ前駆ノ助成ヲ需メラル

哲書記来、

自二条関白（持通）以大外記師藤朝臣被命云、今月御禊之次、右府左大将、（二条政嗣、寛正六年三月二十四日任左大将）拝賀也、〇前駆一人可召賜之由被申送、

近衛房嗣叶ハザル旨答フ

当時微力、難叶由有御返答、

蹴鞠　和漢聯句

十一日、己酉　天晴、　瓦礫之詩一首遣哲書記許、
十二日、庚戌　天晴、。入夜時雨下、　早旦哲書記進昨日和韻、未刻許密々物詣、運教僧都来、有鞠。興、入夜有和漢聯句、一折、

三福寺新住持康同礼ニ来ル

武者小路種光ヲ御禊行幸供奉ノ為ニ兵衛佐ニ任ズ

十三日、辛亥　晴陰、申刻許時雨灑、　三福寺長老(康同)来、清和院住持也、依為三福寺住持為礼来也、殿(近衛房嗣、政家父)有御対面、余同、種光(武者小路)朝臣来、相談御禊行幸事、彼朝臣此間治部卿也、今度就御禊行幸供奉、被任兵衛佐云々、凡自八省卿任兵衛佐事、不審事也、有邂逅之例云々、

政始

(上欄補書)「今夜政始云々、去八日。之由風聞之処、依穢気延引云々、上卿洞院大納言(公数)、」

御経蔵並ニ北野社等ニ参ル　北野万部経会ヲ聴聞ス

十四日、壬子　晴、　是日参御経蔵・聖廟等、天神経一巻書之、次聴聞内野経、奥御所令来給、
十五日、癸丑　晴、入夜時雨下、

行幸習礼

今夜御習礼之　行幸云々、　内裏・　仙洞程近間、。供奉人歩儀如恒云々(×云々)、明日御逗留云々、

(上欄補書)「昨夕自哲書記許有一首詩、今朝遣和韻、」

十六日、甲寅　晴、未刻許霰散、風吹、

藤原有綱院北面ト為リ御禊行幸見物御幸ニ供奉セントス

座次ニ就キ相論アリ

十七日、乙卯　[陰]、□刻許微雪飛散、
左衛門少尉藤原有綱今度参　院北面、来廿七日御幸御共也、座次事口宣次第之由、有沙汰之

春秋左氏伝ヲ読ム詩会

北面座次ヲ清原業忠ニ尋ヌ

五位ハ位次ニ六位ハ着到ノ次第ニ依ル

室町殿ノ官女三時知恩寺ニテ子ヲ生ミ棄ツ

天下触穢御禊行幸翌月ニ延引

処、有綱遅参之間、今度参次第之分ニ可有次座由、自執権(日野勝光)被下知云々、限有綱参次第事、無其」
(37張)謂□(也カ)□此子細申遣執権許処、口宣次第(アキママ)無所見、於五位可有如此歟、六位之事参次第候、但口宣次第事、御所見候者可給之由、有返答、此儀太無謂歟、於殿上六位者∘参次第勿論歟、判官モ依本位列座也、又北面於五位者口宣次第云々、限六位参次第不意得事也、此子細∘可尋外記也、

(上欄補書)「□□□□□」

十八日、丙辰 陰、風吹、∘聖門令来給、文紀西堂来、読左伝、無講尺之儀、短尺各到来、定来廿七日之題、梅塢晴雪、灰哈、

北面座次事相尋常忠(清原業忠)之処、五位々次々第、六位参次第、(×者)同日参候者可依年齢云々、

抑去廿八日室町殿(足利義政)之局女房、入江殿(三時知恩寺、了山聖智)之比丘人所、室町殿妹、セイシヤウニテ子ヲウミ、ナカシテソノマヽ棄置畢云々、人不知之、今月十三日セイシヤウ掃除之時、人夫見出之云々、件女房去廿八日ニ聊怪子細共アリシ間、不審之処、今果如此云々、依是至来月十三日天下触穢也、御禊行幸延引来月云々、当年事可有延引之由、被仰武家(義政)之処、猶当年中可被宥行由被申云々、延引次年之例、太不快御例也、大嘗会和歌作者臨期軽服、政始延引、今又触穢出来、不非直事、神慮尤難測者歟、今朝払暁還幸云々、依穢事遂以無御習礼云々、御禊他月例不有先規歟、彼女房則被罪科云々、不便々々、

大嘗会御禊行幸次第等ヲ書写ス

（上欄補書1）「徹〔哲〕書記来、」
（上欄補書2）「大嘗会御禊次第幷御禊行幸　仙洞御見物之次第等、先日種光朝臣持来、此間書写了、彼本洞院家本云々、今日返遣了、」
十九日、丁巳　晴陰、〇風吹、　実相院令来給、大嘗会事可被経御沙汰云々、
廿日、戊午　陰、暁来微雪、終日時々時雨下、風吹、

岩倉ニ預置ク記録ヨリ大嘗会ノ函等ヲ召寄ス

（八月九日）石蔵ニ預置記録五十合之内三合大嘗会一合、雑々二合、召寄畢、

房嗣ニ大嘗会日次ニ就キ勅問アリ

及秉燭右中弁（町）広光朝臣来、有勅問事、殿有御対面、

仰詞

　仰詞如此、注折紙如常、

外記ノ勘例

大嘗〇会延引十二月幷翌年被行之事、局中勘例如此、両端段歟之間宜被計申、
　局中勘例、両二輩皆同、▨▨」

十二月挙行ノ例

（38張）

　大嘗会十二月例
天武天皇白鳳元（即位二年）十二

翌年延引ノ例

　国郡卜定以後延引翌年例
朱雀、承平元（五月八日卜定）　三条、寛弘八（八月十五日卜定）　安徳、治承四（四月二十七日卜定）　順徳、建暦元（八月十一日卜定）　四条、天福元（四月十六日卜定）

挙行セラレザル例

　不被行例

崇光、観応元（四月二十九日卜定）

御申詞明旦可被注進之由被申之、

業忠ニ先例ヲ尋ヌ

（上欄補書1）「大嘗会延引事勘例事、今日相尋清三位入道（業忠、法名常忠）処、少〻有注進、依諒闇延引例今度不注申云〻、

平城・順徳等不及注申云〻、

存故実歟、」

（上欄補書2）「今日より服薬草、」

房嗣申詞

廿一日、己未 晴陰不定、 勅問之御申詞、今朝付奉行弁被奏聞、

御申詞如此、被注折紙、

大嘗会当年中ニ行ハルベシ

大嘗会延引十二月幷翌年可被行之哉否事、雖為幽玄有其例之上者、当年中可被遂行条、不可有予儀候、此上事宜在 時宜矣、

廿二日、庚申 天晴、

勅問ニ預ル人々

廿三日、辛酉 晴、 今度就 勅問、諸家申詞共自哲書記許注賜之、勅問人数九人大閤（兼良）・御申（房嗣）・関白（二条持通）・西園寺入道太政大臣（公名、法名永存）・三条前左大臣（転法輪三条実量）・徳大寺前右府（公有）・久我前右府（通尚）・三条入道内府（正親町三条実雅、法名常禧）・一位大納言（勝光）也、一同当年中尤申可然之由間可被遂行云〻、御禊来月廿六日、

御禊行幸並ニ大嘗会日次治定ス

大嘗会十二月十八日云〻、天下大慶、不能左右〻〻〻〻、

一社奉幣アルベシ

為御祈謝 神宮へ一社奉幣可有之云〻、又来年必造替遷宮可被（果）遂之云〻、此事于今遅〻不

可然事也、

（上欄補書）「季経朝臣・運教僧都等来、」

廿四日、壬戌 晴、

種光ニ鹵簿図並ニ御禊頓宮指図ヲ貸ス

廿五日、癸亥 陰、時雨洒、　種光朝臣来、鹵簿図幷御禊頓宮之指図借遣之、依申請也、

廿六日、甲子 晴、

廿七日、乙丑 陰、自申終小雨灑、

春秋左氏伝ヲ読ム

詩会

文紀西堂来、読左伝、三体講尺無之、実門依指合也、」各詠作到来、定来八日之題、寒魚、真諄臻、

（39張）

松木宗綱ヲ参議ニ任ズ

平松資冬ヲ蔵人頭ニ補ス

伝聞、去廿三日頭中将宗綱《（松木）》朝臣。任参議云々、資冬《（平松）》朝臣被補官首〔貫〕云々、

廿八日、丙寅 陰、時々小雨下、

廿九日、丁卯 晴陰、　為大嘗会官司行幸之時、余可令供奉由、内々有御沙汰之由、自或方告示間、余（本年正月六日叙従二位）拝賀事難叶、自然御沙汰之時、可預意得由、被仰遣広橋中納言許、其分何様可存知由有返答、

卅日、戊辰 天晴、　徹〔哲〕書記来、

十一月小

和漢聯句

一日、己巳 降雨、　「徹〔哲〕書記来、入夜有和漢聯句興、一折、」（補書、二日条下ニアリ、今符号ノ意ニ依リ、此ニ収ム）藤（武者小路資世）中納言・政為（下冷泉）朝臣・師藤（中原）朝臣等来、

道興那智ニ参籠セントス三年対面能ハズ
増運モ加行ヲ始メントス

二日、庚午 晴陰不定、時々小雨灑、聖護院(道興、政家兄)・実相院(政深、政家兄)・宝池院等令来給、聖門(道興)自来七日那智参籠也、三ケ年之間、不可有交会間、各被参会処也、宝池院(増運、政家兄)亦自来六日被始加行云々、今夜各御逗留、終夜有大飲、

蹴鞠

三日、辛未 晴、 聖護院・実相院今朝令帰給、宝池院未刻許令帰給、有蹴鞠興、及黄昏奥御所被帰、

(上欄補書)「奥御所(政家叔母)令来給、」

四日、壬申 天晴、

五日、癸酉 降雨、

六日、甲戌 晴、

七日、乙亥 晴陰、時々雨下、霰交降、

後花園上皇ヨリ八葉車貸与ヲ仰セラル修理ノ要アルニ依リ叶ハザル旨申ス

(40張)

頭弁俊顕(坊城)朝臣来云、自 仙洞(後花園上皇)八葉車一両可被借召由」被仰云々、家門車以外破損之間、近日被加修理之由被申之、来廿六日御禊之時有御用云々、

八日、丙子 雨雪交降、

三体詩講釈春秋左氏伝ヲ読ム詩会

実相院令来給、文紀(曇郁)西堂来、三体講尺也、先読左伝、詠作各到来、定来十六日之題、観河原御禊、文欣、

武者小路種光鹵簿図並ニ御禊頓宮指図等ヲ返却ス

種光(武者小路)朝臣来、返進鹵簿図并御禊頓宮指図等、

道興那智ニ向ケ発ツ

聖門今朝那智進発云〻、三年之間、骨肉南北之隔、恋慕尤深者乎、

九日、丁丑　晴陰、

十日、戊寅　晴陰、入夜小雨下、

官司行幸供奉ヲ仰セラル

近衛房嗣政家ノ出仕シ難キヲ申ス

頭中将資冬(平松)朝臣来催云、来月十五日官司行幸余供奉事也、未拝賀之間(本年正月六日叙従二位)、近〻事被申難叶之由、殿(近衛房嗣、政家父)有御出座、

(上欄補書)「哲書記来、」

十一日、己卯　晴陰、入夜小雨灑、

房嗣広橋綱光ニ酒肴ヲ贈ル

翌日足利義政広橋邸ニ赴キ尋デ貢馬ノ為ニ参内セントス

小折五合被遣広橋中納言(綱光)許、明日武家(足利義政)渡御云〻、自此所可有参内云〻、依貢馬也、大嘗会之年如此、

十二日、庚辰　晴陰、　哲書記来、

十三日、辛巳　晴、　宝池院令来給、自来十六日加行云〻、去六日依徳日延引云〻、入夜被帰、是日有鞠興、

蹴鞠

智恵光院来、

十四日、壬午　終日雪飛散、不及埋地、風吹、

鷹司房平ヨリ狩衣借用ヲ請ハル
息鷹司政平ノ官司行幸供奉ノ馬副侍ノ料
抜穂使進発北門前ヲ過グルヲ見物
管絃
先ニ内裏ニテ大嘗会習礼アリ
藤原有綱院北面ヲ辞セントス
石清水八幡宮放生会
三体詩講釈
春秋左氏伝ヲ読ム
詩会

自鷹司前関白(房平)許被借申雲客之狩衣、不可有子細由有御返答、来月十五日官司行幸大納言(鷹司政平、房平息)供奉云々、狩衣事、馬副侍料云々、

「(上欄補書)祇園修〔執〕(顕量)行来、」

十五日、癸未 晴、 是日抜穂使進発也、先参神祇官、次参」室町殿(義政)、直下向云々、過北門前間令見物了、

(41張)

季経朝臣(四辻)来、入夜囲炉令閑談、有管絃興、

伝聞、去十三日夜於 禁中有大嘗会御習礼云々、

有綱(藤原)罷向執権(日野勝光)許、今度参 院北面事、参次第〔之〕由御沙汰之間、先以〔申〕令斟酌由云々、当時諸家青侍等数輩参候間、此事強不為規模也、以家侍〔非〕可着其下、可斟酌之由殿被仰了、

「(上欄補書)放生会也、上卿源中納言(庭田雅行)云々、」

十六日、甲申 晴、〔風吹、〕 実相院令来給、文紀西堂来、三体講談也、先是読左伝、詠作到来、定来廿五日題、造鶴、元魂痕、

十七日、乙酉 晴、

十八日、丙戌 晴陰、時々小雪散、

十九日、丁亥 陰、微雪紛々、

日野勝光有綱ノ北面辞退ヲ難詰ス

房嗣有綱ニ参仕ヲ命ズ

有綱北面参仕事、近代強依不為規模令斟酌処、今度有綱競望事未練之由、傍輩中有申仁等、就其有綱斟(×勘)酌之由、去十五日申執権処、六位参次第事、先例也、今度就座次故障無其謂、其上已以御事闕之間、不参者可為生涯由、堅責伏間、迷惑之由有綱申間、於于今者不及兎角之意見歟、可参由仰付之了、所詮最初競望事無益也、不受家門之時宜、卒爾之至甚狼籍也、

房嗣妹浄智仁十三回忌奥御所ニテ法事讃ヲ聴聞

廿日、戊子 陰、入夜雨下、中斜参奥御所、実相院被来会、明日故姫君浄智仁禅尼殿御妹、十三廻也、為追善今日有法事讃、令聴聞、及昏黒帰家、

地震

(上欄補書)「今暁卯刻地震、」

廿一日、己丑 晴陰、

延暦寺京極持清ヲ訴フ

廿二日、庚寅 天晴、　山門訴訟以外之由、有風聞、(補書)「是対京極入道(持清、法名生観)大膳大夫公事篇也、其間事難尽筆端、」

抜穂使上洛

廿三日、辛卯 晴陰、　今暁抜穂使上洛云々、

廿四日、壬辰 晴陰、小雪、風吹、

太政官庁行幸義政並ニ足利義視供奉一条政房奏慶ノ後供奉

(42張)
廿五日、癸巳 晴陰、　是日官司行幸也、「御出申斜、供奉人事外」無人云々、武家両所(義政・足利義視)供奉、一条大納言(政房、本年二月十六日任権大納言)奏慶令供奉、其外可尋記、

春秋左氏伝ヲ読ム詩会

(上欄補書)「西堂(曇郁)来、読左伝、短尺到来、又定題、竹窓読書、寒桓、今日無講尺、」

御禊行幸桟敷ニテ見物
管絃
上皇桟敷ニテ見物アリ
御幸ノ散状

廿六日、甲午、陰、申刻許小雨散〔雪〕、無程止、
是日御禊行幸也、於桟敷令見物、二条油少路辺也、殿・余・実相院・宝池院等令同車、家門車〔被〕加修理之間、
中渡鷹司車了、申刻行幸「也、」(補書)凡厳重之儀式也、及晩余・各帰家、還幸子刻許云々、季経朝臣・
俊量(綾小路)等来、今夜実門(増運)逗留、有管絃興、実門今暁帰宅、明朝〔依〕可有参賀也、
御桟敷　御幸散状、種光朝臣注賜、

公卿
久我前右府(通尚)御車寄、　一位大納言(勝光)　按察使(甘露寺親長)　広橋中納言　宗綱朝臣(松木)

殿上人大略兼行幸供奉、御幸供奉之時モ用杏葉云々、
雅遠朝臣(木幡)　〔長脱〕顕朝臣(西坊城)　長清朝臣(東坊城)　時顕朝臣(西洞院)　種光朝臣奉行、政為朝臣　経熙朝臣(勧修寺)
為広朝臣(上冷泉)　尚光(柳原)　公兼(正親町)　言国(山科)　兼顕(広橋)　資氏(白川)　菅原在数(唐橋)

下北面
藤原重国　源康継　藤原兼興(松波)　橘親継(山本)　藤原守重　同宗時　源康範
藤原有綱

御随身
将曹

秦久兼　同兼夏

府生

・秦延豊

番長

秦兼継

近衛

」

下毛野武秀　秦久種

官人

夏弘(堀川)

反閇

在宗朝臣(勘解由小路)

(43張)

二条政嗣並ニ西園寺実遠拝賀ヲ遂グ

(上欄補書1)「今日両幕下拝賀云々、」(二条政嗣、寛正六年十二月二十四日任左大将、西園寺実遠、寛正六年十二月三十日任右大将)

(上欄補書2)「奥御所姫君達被見物、」

房嗣御禊行幸ヲ賀シ公武ニ参ル

招引ニ依リ房嗣ト共ニ鷹司邸ニ赴ク

廿七日、乙未 晴、風吹、　早旦殿被参　禁裏(後土御門天皇)・仙洞・室町殿等、御禊行幸御礼也、今日殿御小直衣也、御参　禁裏之時、自長橋内(四辻春子)々被申入而御退出云々、皆如此云々、殿与鷹司(政平)亜相同車也、申

刻許殿幷余向鷹司亭、依招引也、有大飲事、主人(房平)入興之趣也、亥刻許帰家、今日殿折紙ヲ有御随身、余進太刀、

道興那智ニ到着スルヲ報ズ

(上欄補書)「自那智聖門有音信、無為下着云〻、」

廿八日、丙申 晴陰、

抜穂使備中ニ向ケ発ツ

廿九日、丁酉 陰、時〻小雨灑、風吹、　是日抜穂使下洛云〻、備中、

十二月大

一日、戊戌 晴陰、風吹、　藤中納言(武者小路資世)・政為朝臣(下冷泉)等来、

鷹司房平並ニ同政平来ル
折紙銭並ニ先日ノ引物等ヲ贈ラル

二日、己亥 晴、風吹、　申時鷹司前関白(房平)・同大納言(政平)等有光臨、盃酌数巡之後被帰宅、折紙・又先日之引物等殿(近衛房嗣、政家父)幷余、被持来、余沈酔以外事也、

足利義詮百回忌法華経並ニ馬代等ヲ納ム

三日、庚子 晴陰、小雪散、　来七日宝筐院(足利義詮、貞治二年十二月七日没)百年忌云〻、是日法華経一部・馬代弐百疋等被進武家、(足利義政)先日自奉行方依相触也、今日被付等持寺、

四日、辛丑 晴陰、

春秋左氏伝ヲ読ム
詩会

五日、壬寅 晴陰不定、　文紀西堂(曇郁)来、読左伝、短尺到来、又定題、残暦、删山、

六日、癸卯 晴陰、

七日、甲辰 天晴、

（44張）
八日、乙巳 晴陰、及晩雨下、

九日、丙午 午刻許雨止、晴陰、風吹、

十日、丁未 晴陰、朝間小雪散、

御経蔵並ニ北野社等ニ参ル
前月北野辺不穏ニ依リ参ラズ

参御経蔵・北野等、天神一巻〔経脱カ〕書之、是去月分也、去比依訴訟北野辺物忩之間、不参詣也、

延暦寺強訴ノ風聞アリ

十一日、戊申 陰、　山門訴訟嗷〻云〻、今日可振神輿由、兼日有其沙汰、然而又無其儀、

春日祭重ネテ延引

春日祭度〻延引、可為今日由風聞之処、路次相塞之間、又延引云〻、神慮尤難測、

近衛房嗣政家ノ昇進ヲ望ム

（上欄補書）
「近日亜相可有闕由有其沙汰、仍殿以御書余昇進事可有申沙汰由、被仰広橋中納言（綱光）許、他・□□」

十二日、己酉 陰、夜来雪降、積地二寸許、

（増運、政家兄）
実相院令来給、是日講尺也、然而西堂（曇郁）不来之間無其儀、依深雪不来歟、

早旦自哲書記許▨雪花詩一首送之、則令和韻了、卒爾之至、比興〻〻、

艮方並ニ巽方ニ火アリ

（上欄補書）
「御輿振今明間云〻、丑刻許艮方有火事、及暁更又巽方有火事、数刻焼了、」

十三日、庚戌 晴〻陰、時〻小雪飛、

飛鳥井雅親拝賀ヲ遂グ
房嗣榻ヲ貸ス

今夜飛鳥井大納言（雅親、本年閏二月五日任権大納言）拝賀云〻、申請榻、被借遣之、

武者小路種光ニ馬具ヲ貸ス

馬具足四色種光(武者小路)朝臣申請、来十八日標山御見物之　御幸(後花園上皇)云々、彼朝臣御共也、

大嘗会両国司除目聞書

大嘗会両国司之除目聞書、自大外記(中原師藤)許進之、去七日也、

聞書如此、

近江守藤原尚光(柳原)兼、　介源忠富(白川)兼、

権介藤原隆継(油小路)兼、　大掾和気富就兼、

権大掾賀茂在誠兼、　権少掾藤原安邦

伴保富　大江里繁

橘茂香　豊原豊方

源友和　三善有幸

紀和言　安陪為安

源久冬

（45張）

備中守藤原光忠(葉室)兼、　権守藤原信豊兼、

介藤原雅康(飛鳥井)兼、　権介藤原為保(八条)兼、

大掾丹波頼秀(錦小路)兼、　権大掾安陪有憲兼、

文正元年十二月

権少掾源村栄　高階長久
紀郷昌　藤原久忠
橘久香　清原清厚
源季秀　中原益友
平春世　藤井有延

文正元年。十二月七日

祇園社火ク

(上欄補書)「伝聞、去夜祇園社頭尽焼了云〻、不(知脱カ)其故、言語道断事也、可恐〻〻、」

太政官庁行幸　足利義政御出ノミ候ズ　足利義視ハ供奉

十四日、辛亥　晴、　是日亥刻、(後土御門天皇)天皇幸于太政官庁、為被行大祀也、武家(義政・足利義視)両所供奉、(補書、十三日条下ニアリ、今符号ノ意ニ依リ、此ニ収ム)「後聞、室町殿(義政)不被供奉云〻、御出之時被候御裾、則退出、立車於東洞院辺、被見物　行幸帰家云〻、今出川殿(義視)行幸供奉云〻、」其外可尋記、

河鰭公益近衛房嗣並ニ政家ニ拝賀

一条宰相公益卿(河鰭、本年二月十六日任参議)来申慶、中次職事右馬頭惟宗行治(町)、今日室町殿之御共也、依為事次着束帯、先規申次衣冠也、二拝了、殿密〻有

中将兼帯ヲ召返サルル経緯

御対面、余同、彼卿今夜行幸供奉也、抑彼卿羽林兼帯事(本年二月二十五日兼左中将)、去春比宰相中将経暦(歴)輩、彼宰相兼帯事、実国(藤原)以来中絶良久之由、依申所存、被召返口宣了(本年閏二月)、不便事歟、当時如此之類繁多也、殊以清華之庶流之上者、不能左右者哉、只依不肖也、雖然参議三四代之中絶再興歟、

丹波親康元服　請ニ依リ烏帽子ヲ遣ハス

(上欄補書1)「今日松若丸加首服、名字、親康(丹波)、依申出、余遣烏帽子、」

巽方ニ時声ア
リ

（上欄補書②）
「亥終巽方上時声数ヶ度、　行幸以後也、今折節言語道断、希代事也、是定京極大膳大夫宿所
（持清、法名生観）
辺歟、」

坂本馬借京極
持清邸ニ押寄
ス

十五日、壬　子　晴、　　伝聞、去夜之騒動坂本之馬借推寄京極入道宿所云々、山訴猶未落居云々、
（近江滋賀郡）（持清）

抜穂使上洛

「抜穂使上洛云々、」

種光ニ大嘗会
節会次第ヲ貸
ス

大嘗会節会次第辰・巳・午、借遣種光朝臣、

南方ニ火アリ

十六日、癸　丑　陰、時々寒雨灑、亥刻許南方有火事、

後花園上皇御
幸アリ

十七日、甲　寅　晴陰、時々小雪散、風吹、

大嘗会
執筆九条政基
政基ヨリ指貫
ノ貸与ヲ請ハ
ル

（政基）
自九条大納言許有使、五節所如形取企候、兼又今夜叙位執筆参勤候、官司近辺之宿までの料、
余指貫借賜者可悦入之趣也、。歳暮為参賀令潤色之間、申其子細了、
（為）

（46張）

廻立殿行幸

十八日、乙　卯　天快晴、　是日悠紀・主基。両国之標山云々、上皇有御見物、被立御車八葉 於南門
（公有）（引渡）（後花園上皇）
大寺前右府云々、
前、供奉公卿以下、自神祇官近辺下馬云々、
（標山引了、乗燭時分還幸云々、
御車寄徳
客四人、北面五人、
今日御装束御小直衣、供奉人狩衣、公卿五人、雲
（義政）

廻立殿行幸

今夜廻立殿行幸也、威儀厳重云々、今夜御出之御時、鳳輿ニ乗御、於廻立殿近辺改鳳輿
乗御葱花、然而入御廻立殿云々、前行左大臣云々、
（上欄補書）
「実門令来給、」
（増連）

辰日節会
内弁二条政嗣

十九日、丙　辰　晴、風吹、　辰日節会、内弁右大臣、政嗣公、
（二条）

春秋左氏伝ヲ読ム
詩会
延暦寺訴訟落居
多賀高忠自焼没落
祇園社焼失ノ経緯
篝火ヨリ出火
三社御輿モ焼失
畠山義就上洛ノ風聞アリ
増運幕府ニテ祈禱ヲ勤ム
巳日節会
内弁西園寺実遠
北方ニ火アリ
相国寺鹿苑院ノ塔並ニ感応寺ヲ火ク
三条坊門室町辺ニモ火アリ
御経蔵並ニ北野社等ニ参ル
豊明節会
内弁日野勝光
後土御門天皇還幸

郁(曇郁)西堂来、読左伝、残暦之詩到来、年内無余日間、明春早〻可定詩題也、西堂相語云、山訴自一昨日無為落居云〻、去十六日夜火事、京極入道被官タカノ豊後(多賀高忠)焼宿所令没落了、此公事濫觴、彼豊後所行也、抑祇園焼失事、去十二日夜神輿(日吉社)入洛必定之由、自山門相触間、餝御輿奉出廻廊、▨終夜明篝相待処、無其儀間、社人等各帰宿所、人静後、自廻廊上焼上云〻、是篝火云〻、塔・朱楼之外、尽焼亡云〻、三社御輿同焼失、御正体許奉取出云〻、希代珍事也、可恐、可慎、

(上欄補書1)「伝聞、世上物言以外云〻、来廿三日衛門佐(畠山義就)可上洛之由、有世聞、」

(上欄補書2)「自今日実門(×実門)於武家被勤御祈、是聖門(道興、政家兄)之御手替也、毎年定御修法也、」

廿日、丁巳　□朝間小雨下、終日雪飛散、寒風殊烈、

巳日節会、内弁内大臣、実遠公(西園寺)、

午刻許北方有火事、細川(勝元)被官者家云〻、西風事外吹送間、四五町吹越、相国寺之(塔頭一、塔)鹿苑院。以下塔頭少焼失、其火又吹越河前堂(七観音之内、)(感応寺)焼云〻、近比大焼亡也、被(進御使於)仙洞(後花園上皇)・伏見殿(貞常親王)等、天魔所為不能左右、自此火」(47張)前、南方有火事云〻、三条坊門室町云〻、

(上欄補書)「中刻許参御経蔵・聖廟等、天神経一巻書之、三巻今日令奉納、」

廿一日、戊午　陰晴、雪降、(風吹、)。午日節会、内弁一位大納言、勝光卿(日野)、

今夕可有　還幸云〻、節会以下可被急行云〻、

春日祭

先ニ左右両大将ノ宣下アリ兼テ政基ニ勅約アルモ忘失セラル

右大臣ノ欠アラバ政基昇任アラントノ勅約アリ

大納言欠アラバ政家昇任アラントノ勅約アリ

房嗣公武ニ参リ大嘗会無為遂行ヲ賀ス

調子武春息ヲ義視ニ出仕セシム

哲書記来、

廿二日、己未 晴陰、風吹、 伝聞、去暁卯刻許還幸云々、

廿三日、庚申 晴陰、 是日春日祭也、神事如例、上卿藤中納言、

伝聞、去十二日両幕下事被宣下云々、左洞院大納言、公数、右三条大納言、(転法輪三条)公敦、辞退二条右大臣政嗣、左、・西園寺内大納(臣)、実遠、右、抑幕下事、九条殿(政基)家門ニ自去比堅勅約也、然而彼両卿拝任、言語道断曲事也、九条大納言色々被申所存之処、 勅約事御忘却云々、此替今度有右府闕者、可有 勅許之由被仰出云々、

(上欄補書1)「自広橋(綱光)許申云、有亜相闕者、可有 勅許云々、」

(上欄補書2)「日吉御師来、」

廿四日、辛酉 天晴、

廿五日、壬戌 晴、 早旦殿被参禁裏・仙洞・室町殿等、御冠直衣、平絹、下結、是大祀無為目出度之御礼也、諸家皆如此云々、余聊損事間不参、

宝池院(政深、政家兄)・如意寺政瑜僧都、等令来給、歳末礼也、

少将言国(山科)・住心院(公意)等来、殿御留守也、余又不相逢、随身武春来、(調子)父子、子ヲ進今出川殿云々、今日始懸御目、自御簾中被(×被)御覧、

義就上洛山名持豊ノ命ニ依ルトノ説
文紀曇郁ニ小袖ヲ与フ
斯波義廉被官ノ喧嘩アリ
万機旬
歳末ノ礼ニ公武ニ参ル義政ノ万機旬勤仕ヲ賀シ太刀ヲ献ズ
下冷泉政為等歳暮ノ礼ニ来ル
等持寺並ニ称名寺等火ク畠山政長被官等諸所ニ放火ス
吉良義真ヨリ歳暮ノ使アリ

（上欄補書）「伝聞、前畠山右衛門佐今日上洛云〻、非武家命、山名入道（持豊、法名宗全）召上之由有風聞、大儀可出来歟、珍事也、下辺以外物忩云〻、」

廿六日、癸亥　晴陰、風吹、

尊蔵主（晃尊、政家叔父）被来、宇治報恩院（有玄）・季経朝臣（四辻）・郁西堂今日賜白小袖、毎年事也、等来、余相逢、

酉刻許武士等騒動、武衛（斯波義廉）被官者有喧嘩事云〻、然而無殊事、

（上欄補書）「是日万機旬也、左大臣為日上、（×上卿）」

廿七日、甲子　晴陰、風吹、小雪飛、」

是日参仙洞・伏見殿・室町殿・同若公（ノチノ足利義尚）・今出川殿等、歳末礼也、進太刀於室町殿、是昨日万機旬御参勤万機旬御礼也、今日殿同御参也、

（48張）

実相院・奥御所（政家叔母）之姫君達令来給、

政為朝臣・侍従為親（五条）・範富（岡崎）・随身武春・阿伽井坊・理覚院（猷意）僧正・北野楊林院（永琳）・宇治知恩院（隆増）・智恵光院〻主・不断光院〻主・海蔵院長老・玉蓮寺住持・西林寺住持等来、歳暮礼也、

（上欄補書）「未刻許、東方有火事、相続巽方焼亡、等持寺・秋野道場（称名寺）、其外小家・土蔵多焼失云〻、管領（畠山政長）被官者打入処〻取物、如此令放火云〻、言語珍事也、凡天下之式可及大乱歟、」

廿八日、乙丑　晴、藤中納言来、自吉良（義真）許有使、此間歓楽之間不参、為歳暮礼進入云〻、使被仰御

悦喜之由、

持弁ヨリ巻数ヲ送ラル

廿九日、丙寅 晴陰不定、　自浄土寺（持弁）有使、兵部卿、賜巻数、余相逢、

式部少輔在永朝臣（唐橋）・前官務長興宿禰（大宮）・〔典薬頭定基朝臣（千本）・富就（和気）・楽人嶺秋（豊原）郷秋子、・南松院僧正（運助）・安養父子、等来、余

相逢、

地震

（上欄補書）「亥刻地震、」

地震

卅日、丁卯 晴陰、雪霰紛々、風吹、辰刻地震、

廷尉佐兼顕（広橋）・陰陽師有宣（土御門）、随身武量（下毛野）・同（延）宣豊（秦）、兵部卿（義賢）三宝院坊官、・芝宰相（成典）実相院坊官、・丹三位入道（千本篤忠）等来、入夜

富樫（孫衛門）伏見来、種光朝臣・哲書記等来、

自正月至今日毎日奉拝日月、

大嘗会女叙位執筆実遠

（上欄補書）「伝聞、昨日大嘗会女叙位云々、執筆内府（実遠）云々、」

文正元年暦四季、

」

（文正元年巻紙背文書）

寛正六年具注暦

（19ウ）

寛正六年具注暦日　乙酉歳干木、支金、納音是水、　凡三百五十五日

大歳在乙酉、『名作咢之歳、為一年君、不可将兵抵向、』　大将軍在午、　大陰在未、

歳徳在西宮庚、合在乙、庚乙上取土、及宜修造、　歳刑在酉、　歳破在卯、

歳殺在辰、　黄幡在丑、　豹尾在未、

右件大歳已下、其地不可穿鑿動治、因有頽壊事、須修営者、其日与歳徳・月徳・歳徳合・月徳合・天恩・天赦・母倉并者、修営無妨、

『歳次太梁、』

『右件歳次所在、其国有福、不可将兵抵向、』

正月大　二月小　三月大　四月小　五月大　六月小

七月大　八月大　九月小　十月大　十一月小　十二月大

戊　天道南行、天徳在丁、月殺在丑、用時甲丙庚壬

正月大　建『土府在丑　土公在竈』

寅　月徳在丙、合在辛、月空在壬、三鏡乙辛乾坤巽艮

『狼藉』『室宿』『密』日曜』一　『天一丑寅』日、己酉、土成　大歳位、天恩、復、往亡　日遊在内

『壁月』二　日、庚戌、金成　立春正月節　侯小過外　東風解凍　陰錯、復、厭　日出卯三刻五分　昼四十四刻　日入酉初二分　夜五十六刻　『伏竜在内庭去堂六尺六十日』

『太禍』『奎火』三　日、辛亥、金収『神吉』下　沐浴　大歳後、天恩、母倉、無翹、重　裁衣・元服　吉

『狼藉』『婁水』四　『大将軍遊北　忌夜行』日、壬子、木開『神吉』下　沐浴　大歳前、母倉　比目始・歯固・吉書始・倉開・行始・湯始・弓始・裁衣・嫁娶・立門　吉

『胃木』五　日、癸丑、木閉『神吉』下『伐』大夫蒙　除手甲　大歳前、帰忌、血忌、月殺　比目始・歯固・吉書始・倉開・行始・湯始・弓始　吉

『昴金』六　『土公入』日、甲寅、水建　陽錯、復

『畢土』七　『天一卯』日、乙卯、水除『神吉』下　蟄虫始振　大歳前　裁衣・歯固・吉書始・倉開・行始・湯始・弓始・嫁娶・元服　吉

（18ウ）

『密』『觜日』八　日、丙辰、土満上弦　大歳前、九坎、厭対、往亡

『滅門』『参月』九〵『大将軍返南　天間』日、丁巳、土平　大歳後、重元服吉

『井火』十〵　日、戊午、火定『神吉』上　日出卯三刻四分　昼四十五刻　大歳後歯固・吉書始・行始・湯始・吉　弓始・元服・出行・乗船　日入酉初三分　夜五十五刻　日遊在内

『鬼水』十〵『下食時亥』一日、己未、火執『神吉』上　卿益　大歳後出行・乗船吉　日遊在内

『柳木』十『天一辰巳』二日、庚申、木破沐浴魚上氷　大歳後、復

『星金』十〵『忌遠行』三日、辛酉、木危『神吉』下沐浴　大歳後堀井・行始・吉　弓始

『張土』十四日、壬戌、水成『伐』　大歳後、厭

『太禍』『翼〵『密』日』十〵五日、癸亥、水収沐浴　大歳位、母倉、無翹、重裁衣吉

『狼藉』『軫月』十六日、甲子、金開望　除手足甲『大将軍遊東　土公遊北　忌夜行』『八竜』　大歳位、母倉、復

『角〵火』十七日、乙丑、金閉雨水正月中　除手甲『神吉』上　獺祭魚　公漸　大歳位、帰忌、血忌、月殺裁衣・立門・堀井・吉　乗船・弓始

『亢〻水』十八日、丙寅、火建〻『三吉』下『天一午』除足甲
日出卯三刻二分　昼四十六刻
大歳位　裁衣・立門吉
日入酉初五分　夜五十四刻

『氐〻木』十九日、丁卯、火除〻『羅刹』『神吉』下
大歳位、天恩　裁衣・嫁娶・移徙・吉　元服・出行

『房金』廿　日、戊辰、木満『甘呂〔露〕』
大歳位、天恩、九坎、厭対
日遊在内

『滅門』『心土』廿一日、己巳、木平〻『大将軍返南』『神吉』上
大歳位、重　元服・出行・吉　乗船
日遊在内

『密』『尾日』廿二日、庚午、土定『土公入』没『〻』『伐』
大歳位、復

『箕月』廿三日、辛未、土執〻『三吉』中『天一未申　下食時亥』鴻雁来　下弦
大歳位　立門・堀井・吉　出行・乗船

『斗火』廿四日、壬申、金破　沐浴
辟泰
大歳位

『女水』廿五日、癸酉、金危〻『三吉』中『忌遠行』『神吉』下　沐浴
大歳位　立門吉

『虚〻木』廿六日、甲戌、火成
大歳対、復、厭　裁衣・吉　乗船
」

（17ウ）
『太禍』『危金』廿七日、乙亥、火収
『八竜』
日出卯三刻　昼四十七刻
大歳対、母倉、無翹、重
日入酉一刻一分　夜五十三刻

『狼藉』『室土』廿八日、『忌夜行』丙子、水開沐浴『伐』草木萌動　大歳対、母倉

『密』『壁日』廿九日、『三吉』下『天一酉』丁丑、水閉『神吉』上除手甲　大歳対、帰忌、血忌、月殺　裁衣吉

『奎月』卅日、『三吉』下『土公遊東』戊寅、土建『伐』除手足甲　侯需内　大歳対、天赦　日遊在内

己　天道西南行、天徳在坤、月殺在戌、用時艮巽乾坤

二月小　建『土府在巳　土公在竈』

卯　月徳在甲、合在己、月空在庚、三鏡甲丙庚壬乾巽

『奎宿火曜』一日、『不問疾』己卯、土除『神吉』上『伐』　大歳対　日遊在内

『婁水』二日、『不弔人』庚辰、金満　大歳位、九坎、厭対、復

『胃木』三日、『三吉』下『忌遠行』辛巳、金満驚〔蟄〕虫二月節桃始華『伐』　侯需外　大歳位、天恩、重、復

『太禍』『昴金』四日、『天一戌亥　不弔人』壬午、木平『神吉』上　大歳位、天恩　元服・出行・髪曽木　吉

『畢土』五日、『三吉』下癸未、木定『伐』　大歳位、天恩、血忌　裁衣吉

日出卯二刻四分　昼四十八刻
日入酉一刻三分　夜五十二刻

『密』『觜日』六日、甲申、水執『伐』沐浴 除手足甲 『土公入』 大夫随 大歳位
『参月』七日、乙酉、水破『』滅『伐』 大歳対、厭、復
『井火』八日、丙戌、土危 倉庚鳴 上弦 『下食時子 歳下食』 『五墓』 大歳対、無翹、月殺 裁衣吉
『鬼水』九日、丁亥、土成『伐』 大歳対、母倉、重 裁衣吉
『滅門』『柳木』十日、戊子、火収 沐浴 『大将軍遊内 天一子 忌夜行 不視病』 大歳対、母倉 立屋・立倉・立厩・吉 元服・出行 日遊在内
『星金』十一日、己丑、火開 除手甲 『不問疾』 大歳対、九坎 日遊在内
『張土』十二日、庚寅、木閉 除足甲 『三吉』上 卿晋 大歳対、帰忌 堀井吉
『狼藉』『密』『翼日』十三日、辛卯、木建 鷹化為鳩 日出卯二刻二分 昼四十九刻 大歳前、厭対、復 裁衣吉 日入酉一刻五分 夜五十一刻
『軫月』十四日、壬辰、水除『伐』 『不弔人』 『五墓』 大歳前 裁衣吉
『角火』十五日、癸巳、水満 『三吉』下『大将軍返南 天一天上 忌遠行』 大歳前、重 裁衣・元服・吉 髪曽木 日遊在内」

(16ウ)

『太禍』『亢㇂水』十六日、甲午、金平　『土公遊南　天間　不弔人』　除手足甲　望　大歳前、往亡　裁衣・堀井　吉　日遊在内

『氐㇂木』十七日、乙未、金定　『羅刹』　『五墓』　大歳前、血忌、復　裁衣・乗船吉　日遊在内

『房金』十八日、丙申、火執　『甘呂〔露〕』　春分二月中　沐浴　玄鳥至　公解　大歳前　日遊在内

『心土』十九日、丁酉、火破　『三吉』上　沐浴　大歳前、厭　堀井吉　日遊在内

『密』『尾㇂日』廿日、戊戌、木危　『下食時子　不視病』　社　『㇂』日出卯時正　昼五十刻　日入酉時正　夜五十刻　大歳前、無翹、月殺　堀井・移徙・出行　吉　日遊在内

『箕㇂月』廿一日、己亥、木成　『不問疾』　『神吉』上　沐浴　大歳前、母倉、重　乗船・髪曽木吉　日遊在内

『滅門』『斗㇂火』廿二日、庚子、土収　『大将軍遊西　土公入　忌夜行』　『神吉』上　沐浴　大歳前、母倉　裁衣・嫁娶・堀井・出行　吉　日遊在内

『女水』廿三日、辛丑、土開　雷乃発声　除手甲　下弦　『五墓』　大歳前、九坎、復　日遊在内

『虚㇂木』廿四日、壬寅、金閉　『三吉』中　除足甲　辟大壮　大歳前、帰忌　裁衣・立倉・立屋　吉　日遊在内

『狼藉』『危金』廿五日、癸卯、金建　大歳前、厭対　日遊在内

『室土』廿六日、甲辰、火除　『三吉』中『不弔人』　大歳前　堀井・移徙・元服・出行・乗船吉　日遊在内

『密』『壁日』廿七日、乙巳、火満『神吉』中　『大将軍返南　忌遠行』　大歳前、重、復　裁衣・元服・乗船吉　日遊在内

日出卯一刻五分　昼五十一刻
日入酉二刻二分　夜四十九刻

『太禍』『奎月』廿八日、丙午、水平　始電『神吉』上　『不弔人』　大歳後　裁衣・嫁娶吉　嫁娶　日遊在内

『婁火』廿九日、丁未、水定　除手足甲　『三吉』下　大歳後、血忌　裁衣吉　日遊在内

庚　天道北行、天徳在壬、月殺在未、用時乙丁辛癸

三月大　建『土府在酉　土公在竈』

辰　月徳在壬、合在丁、月空在丙、三鏡乙丙丁辛壬癸

『胃宿水曜』一日、戊申、土執　沐浴　『土公遊西　不視病』『神吉』下　侯予内　大歳後　日遊在内

『昴木』二日、己酉、土破　沐浴　『三吉』上『天一丑寅　不問疾』　大歳後、厭　立屋・立倉・立厩吉　日遊在内

『畢金』三日、庚戌、金危　『下食時子』　大歳後、天恩、無翹、月殺　裁衣吉

『觜土』四日、辛亥、金危　清明三月節　沐浴『神吉』下　桐始華　『三吉』下　侯予外　『伏竜在門内百日』　大歳後、天恩、重　元服吉

(15ウ)

『密』『参日』五日、壬子、木成『大将軍遊北』『神吉』下　沐浴　　大歳前、天恩、帰忌　立屋・立倉・立厩・吉

『太禍』『井月』六日、癸丑、木収『忌遠行』『伐』除手足甲　　日出卯一刻三分　大歳前　裁衣吉　日入酉二刻四分　昼五十二刻　夜四十八刻

『鬼火』七日、甲寅、水開『土公入』除足甲　　大夫訟　大歳前、厭対、血忌　裁衣・堀井・乗船・吉

『柳水』八日、乙卯、水閉『天一卯』『神吉』下　　大歳前　嫁娶・元服吉

『星木』九日、丙辰、土建『下食時丑　不弔人』田鼠化為鴽　上弦　　大歳前　元服・出行吉

『張金』十日、丁巳、土除『大将軍還南』　　大歳後、母倉、重　元服吉

『狼藉』『翼土』十一日、戊午、火満『忌夜行　不視病　不弔人』『神吉』上　　大歳後、母倉、復　元服・乗船吉　　日遊在内

『滅門』『密』『軫日』十二日、己未、火平『不問疾』　　大歳後、復、月殺　乗船吉　　日遊在内

『角月』十三日、庚申、木定『天一辰巳』　　卿蠱　陰錯孤辰、厭

『亢火』十四日、辛酉、木執『神吉』下　沐浴　虹始見　　日出卯一刻一分　大歳後、無翹　裁衣・堀井吉　日入酉三刻　昼五十三刻　夜四十七刻

・(×八)

『氐水』十五日、壬戌、水破『伐』　大歳後、九坎

月蝕十五分之半弱、虧初亥初刻三分半、加持子初刻十三分半、復末丑初刻廿二分半、

『房木』十六日、癸亥、水危土用事望『乀』　絶陰、重

『心金』十七日、甲子、金成『大将軍遊東　土公遊北』『八竜』　絶陰、帰忌

『太禍』『尾土』十八日、乙丑、金収『忌遠行　天間』　絶陰

『密』『箕日』十九日、丙寅、火開『天一子』穀雨三月中萍始生　公革　絶陰、厭対、血忌

『斗月』廿　日、丁卯、火閉　絶陰

『女火』廿一日、戊辰、木建『下食時丑　不視病　不弔人』『五墓』　単陰、復　日遊在内

『虚水』廿二日、己巳、木除『神吉』上乀『大将軍返南　不問疾』　大歳位、母倉、重復元服・出行・乗船吉　日遊在内

日出卯初五分　昼五十四刻
日入酉三刻二分　夜四十六刻

『狼藉』『危木』廿三日、庚午、土満『神吉』中下弦『伐』『土公入　忌夜行　不弔人』　大歳位、母倉

『滅門』『室金』廿四日、辛未、土平『天一未申』鳴鳩払其羽　大歳位、月殺、往亡乗船吉

『壁土』廿五日、壬申、金定　辟夬　孤辰、厭」

（14ウ）

『密日』『奎』┐┐『三吉』中廿六日、癸酉、金執『神吉』下沐浴　大歳位、無翹　裁衣吉

『婁月』廿七日、甲戌、火破　大歳対、九坎

『胃火』廿八日、乙亥、火危　『八竜』大歳対、重

『昴水』廿九日、『金剛峯』丙子、水成沐浴『伐』戴勝降桑　大歳対、帰忌

『太禍』『畢木』┐卅日、『天一酉　忌遠行』丁丑、水収除手足甲　日出卯初三分　昼五十五刻　大歳対　裁衣吉　日入酉三刻四分　夜四十五刻

辛　天道西行、天徳在辛、月殺在辰、用時甲丙庚壬

四月小　建『土府在寅　土公在門』

巳　月徳在庚、合在乙、月空在甲、三鏡丁癸乾坤巽艮

『畢宿金曜』一日、『三吉』下『土公遊東　不視病』戊寅、土開『伐』除足甲　〔辟〕侯旅内　大歳対、天赦、厭対、血忌、復　日遊在内

『觜土』二日、『不問疾』己卯、土閉『┐』没『伐』　大歳対、復　日遊在内

『密』『参
日』三　日、庚辰、金建　『下食時丑　不弔人』　陰位

『井
月』四　日、辛巳、金除『伐』　『三吉』下　大歳位、母倉、重　裁衣吉

『狼藉』『鬼
火』五　日、壬午、木除『神吉』上　立夏四月節　螻蟈鳴　『天一戊亥　忌夜行　不弔人』　〔辟〕侯旅外　大歳後、復　裁衣・元服・出行髪曽木吉

『柳
水』六　日、癸未、木満『伐』　『甘呂』〔露〕　孤辰、九坎、厭

『太禍』『星
木』七　日、甲申、水平　沐浴『伐』『神吉』上　『土公入』　大歳後、無翹、血忌

『金剛峯　三吉』下『忌遠行』

『張
金』八　日、乙酉、水定　沐浴『神吉』中　上弦『伐』　大夫師　大歳前

日出卯初二分　昼五十六刻

『翼
土』九　日、丙戌、土執　『歳下食』　『五墓』　大歳前、復　裁衣吉
日入酉三刻五分　夜四十四刻

『密』『軫
日』十　日、丁亥、土破『伐』　蚯蚓出　『甘呂』〔露〕　『七鳥』　大歳前、重

『大将軍遊内　天一子　不視病』

『角
月』十一日、戊子、火危　滅　大歳前　日遊在内

『亢
火』十二日、己丑、火成　除手甲　『不問疾』　大歳前、帰忌、厭対、往亡　堀井・塗竈・乗船吉　日遊在内

『滅門』『氐 水』十三日、庚寅、木収 除足甲 『下食時寅』　大歳前、母倉 裁衣・堀井・移徙・出行 吉

（13ゥ）

『房 木』十四日、辛卯、木開『神吉』上　卿比　大歳位、母倉 裁衣・元服 吉

『心 金』十五日、壬辰、水閉『伐』王瓜生 『不弔人』　『五墓』　大歳位、復、月殺

『尾 土』十六日、癸巳、水建 除手足甲 望 『三吉』下『大将軍返南　天一天上』　大歳位、重 元服吉　日遊在内

『狼藉』『箕 『密』日』十七日、甲午、金除『神吉』上 『土公遊南　忌夜行　不弔人』　日出卯初一分　昼五十七刻　大歳位、天赦 嫁娶・堀井・元服・塗竈・出行・乗船 吉　日入酉四刻一分　夜四十三刻　日遊在内

『斗 月』十八日、乙未、金満　『五墓』　行佷、九坎、厭　日遊在内

『太禍』『女 火』十九日、丙申、火平 沐浴『神吉』上 『天間』　大歳位、無翹、血忌、復　日遊在内

『虚 水』廿　日、丁酉、火定 沐浴『神吉』下 『三吉』上『忌遠行』 小満四月中 苦菜秀　公小蓄〔畜〕　大歳位 裁衣・堀井吉　日遊在内

『危 木』廿一日、戊戌、木執 『不視病』　大歳位 立屋・立倉・堀井・塗竈・移徙・出行・乗船・髪曽木 吉　日遊在内

『室 金』廿二日、己亥、木破 下弦 『不問疾』　陰陽衝破、重　日遊在内

『壁⌝土』廿三日、庚子、土危『神吉』上沐浴　⌝『三吉』中『大将軍遊西　土公入』　大歳位 裁衣・嫁娶・堀井・出行 吉　日遊在内

『密』『奎⌝日』廿四日、辛丑、土成 除手甲　『三吉』下　『五墓』　大歳位、帰忌、厭対 裁衣吉　日遊在内

『滅門』『婁⌝月』廿五日、壬寅、金収 除足甲 靡草枯〔死〕　⌝『下食時寅』　日出寅四刻　昼五十八刻　日入戌初一分　夜四十二刻　大歳位、母倉、復 裁衣・元服・出行 吉　日遊在内

『胃⌝火』廿六日、癸卯、金開『神吉』上　⌝『三吉』下　辟乾　大歳位、母倉 立屋・立倉・元服・出行・髪曽木 吉　日遊在内

『昴⌝水』廿七日、甲辰、火閉　⌝『金剛峯　三吉』中『不弔人』　大歳位、月殺 嫁娶・立屋・立倉・堀井・塗竈・移徙・元服・出行 吉　日遊在内

『畢⌝木』廿八日、乙巳、火建『神吉』中　⌝『大将軍返南』　大歳位、重 裁衣・元服・乗船 吉　日遊在内

『狼藉』『觜金』廿九日、丙午、水除　『忌夜行　不弔人』　歳博、復　日遊在内

壬　天道西北行、天徳在乾、月殺在丑、用時艮巽坤乾

五月大　建『土府在午　土公在門』

午　月徳在丙、合在辛、月空在壬、三鏡甲丙庚壬坤艮

『参宿土曜』一日、丁未、水満 小暑至　陰錯了戻、九坎、厭　日遊在内

文正元年巻紙背

(12ウ)

『太禍』『井 『密』日』二　『土公遊西　不視病』日、戊申、土平『神吉』下 沐浴　大歳対、血忌、無翹　日遊在内

『鬼 月』三　『羅刹　天一丑寅　忌遠行　不問疾』日、己酉、土定『神吉』上 沐浴 侯大有内　大歳対、天恩　日遊在内」

『柳 火』四　日、庚戌、金執　大歳対、天恩

『星 水』五　『三吉』下 日、辛亥、金破 沐浴『神吉』下　大歳対、天恩、重

『狼藉』『張 木』六　『大将軍遊北』日、壬子、木破 芒種五月節 蟷螂生 侯大有外　陰陽衝撃、厭対　日出寅三刻五分　昼五十八〔九〕刻　日入戌初二分　夜四十二〔一〕刻

『翼 金』七　日、癸丑、木危『神吉』下『伐』 除手甲　大歳位、復、月殺 裁衣吉

『軫 土』八　『土公入』日、甲寅、水成 除足甲　大歳位、母倉、帰忌 裁衣・乗船吉

『太禍』『角 『密』日』九　『天一卯』日、乙卯、水収 上弦　大夫家人　大歳位、母倉、九坎、血忌

『亢 月』十　『不弔人』日、丙辰、土開　大歳位 裁衣吉

『氐 火』十一　『大将軍返南　忌遠行　忌夜行』日、丁巳、土閉 鵙始鳴　大歳対、重、復 裁衣吉

『房水』十二日、戊午、火建『下食時卯 不視病 不弔人』 陰陽倶錯、厭 日遊在内

『心木』十ㇵ三日、己未、火除『神吉』上『不問疾』 大歳対、無翹 出行・乗船吉 日遊在内

『尾金』十四日、庚申、木満沐浴『神吉』上『天一辰巳』 大歳対

『滅門』『箕土』十ㇵ五日、辛酉、木平『神吉』下 卿井 大歳対

『密日』『斗』十ㇵ六日、壬戌、水定反舌無声 除手足甲『伐』望 大歳対 裁衣吉

『女月』十ㇵ七日、癸亥、水執沐浴『金剛峯』 大歳後、重、復

『狼藉』『虚火』十ㇵ八日、甲子、金破『大将軍遊東 土公遊北』 大歳後、厭対 裁衣・乗船吉 日出寅三刻四分半、昼六十刻 日入戌初二分 夜四十刻

『危水』十ㇵ九日、乙丑、金危『神吉』上 除手甲 大歳後、月殺

『室木』廿 日、丙寅、火成除足甲『三吉』下『天一午』 大歳後、母倉、帰忌

『太禍』『壁金』廿一日、丁卯、火収夏至五月中 鹿角解『天間』 公咸 大歳後、母倉、九坎、血忌、復、往亡

（11ウ）

『奎土』廿二日、戊辰、木開『不視病　不弔人』　『五墓』　大歳後　乗船吉　日遊在内

『密日』『婁』廿三日、己巳、木閉『神吉』上　下弦『大将軍返南　忌遠行　忌夜行　不問疾』　大歳後、重　乗船吉　日遊在内

『胃月』廿四日、庚午、土建『伐』『三吉』下『土公入　下食時卯　不弔人』　大歳後、厭

『昴火』廿五日、辛未、土除『三吉』中『天一未申』　大歳後、無翹　出行・乗船吉

『畢水』廿六日、壬申、金満　蟬始鳴　沐浴『神吉』上　大歳後

『滅門』『觜木』廿七日、癸酉、金平『神吉』下　辟姤　大歳後、復

『参金』廿八日、甲戌、火定　大歳前　出行・乗船吉

『井土』廿九日、乙亥、火執　沐浴　大歳前、重　裁衣吉

『狼藉』『鬼』『密日』卅　日、丙子、水破『伐』除手足甲　『七鳥』　大歳前、厭対

六月小

癸　天道東行、天徳在甲、月殺在戌、用時乙丁辛癸

建『土府在戌　土公在門』

未　月徳在甲、合在己、月空在庚、三鏡甲乙丁庚辛癸

『鬼宿月曜』一『天一酉』日、丁丑、水危除手甲『神吉』上半夏生　大歳前、復、月殺 裁衣吉

『柳火』二『三吉』下『土公遊東　不視病』日、戊寅、土成『伐』除足甲　大歳前、母倉、帰忌　日遊在内

『太禍』『星水』三『不問疾』日、己卯、土収　侯鼎内　大歳前、母倉、九坎、血忌　日遊在内

『張木』四『三吉』下『不弔人』日、庚辰、金開　大歳後、天恩

『翼金』五『三吉』下『忌遠行　忌夜行』日、辛巳、金閉『伐』　大歳後、天恩、重 裁衣吉

『軫土』六『三吉』上『天一戌亥　不弔人』日、壬午、木閉 小暑六月節 除手足甲 温風至　侯鼎外　日出寅三刻五分　昼五十九刻　大歳後、天恩、母倉、無翹 裁衣吉　日入戌初二分　夜四十一刻

『密日』『角』七『三吉』下日、癸未、木建『伐』　大歳後 裁衣吉

『亢月』八『土公入』日、甲申、水除沐浴 上弦『神吉』上『伐』　大歳後

『氐〵火』九日、乙酉、水満 『三吉』下 『神吉』中『伐』 沐浴 大夫豊 大歳前、血忌 裁衣吉

『太禍』『房〵水』十日、丙戌、土平 『天間 歳下食』 『五墓』 大歳前、月殺 裁衣吉

『心木』十一日、丁亥、土定 沐浴 『伐』 蟋率居壁〔蟀〕 『七鳥』 大歳前、厭対、重

『尾金』十二日、戊子、火執 『大将軍遊内 天一子 下食時辰 不視病』 大歳前、九坎、帰忌、復 日遊在内

(10ウ)

『箕土』十三日、己丑、火破 『忌遠行 不問疾』『没〵』 大歳前、復 日遊在内

『密日』『斗〵』十〵四日、庚寅、木危 『三吉』上 除足甲 初伏 大歳前 裁衣・堀井・出行・髪曽木 吉

『狼藉』『女月』十五日、辛卯、木成 『金剛峯』 『滅〵』 望 大歳位

『滅門』『虚〵火』十六日、壬辰、水収 『不弔人』 除手足甲 『五墓』 卿渙 大歳位 裁衣吉

『危水』十七日、癸巳、水開 『三吉』下『大将軍返南 天一天上 忌遠行』 鷹乃学習 『伏竜在東垣六十日』 大歳位、母倉、厭、重 日遊在内

『室木』十八日、甲午、金閉 『三吉』上『土公遊南 不弔人』 大歳位、天赦、母倉、無翹 塗竈吉 日遊在内

『壁〻金』十九日、乙未、金建『〻』土用事　『五墓』　日出寅四刻　昼五十八刻　日入戌初一分　夜四十二刻　大歳位　裁衣・乗船吉　日遊在内

『奎土』廿　日、丙申、火除『神吉』上　沐浴　大歳位　日遊在内

『密』『婁〻日』廿一日〻『三吉』、丁酉、火満『神吉』下　沐浴　大歳位、血忌　裁衣吉　日遊在内

『太禍』『胃〻月』廿二日〻『不視病』、戊戌、木平　大暑六月中　下弦　腐草為蛍　公履　大歳位、復、月殺　出行・乗船吉　日遊在内

『昴火』廿三日『不問疾』、己亥、木定　沐浴　大歳位、厭対、重、復　乗船吉　日遊在内

『畢水』廿四日『大将軍遊西　土公入　下食時辰』、庚子、土執　仲伏　大歳位、九坎、帰忌　日遊在内

『觜木』廿五日『三吉』下『忌遠行』、辛丑、土破『神吉』上　除手甲　『五墓』　大歳位　日遊在内

『参〻金』廿六日〻『三吉』、壬寅、金危　除足甲　大歳位　嫁娶・移徙・元服・出行　吉　日遊在内

『狼藉』『井〻土』廿七日〻、癸卯、金成〔『神吉』脱カ〕上　土潤溽暑　大歳位　裁衣・嫁娶・移徙・元服・出行　吉　日遊在内

『滅門』『鬼〻』『密日』廿八日〻『不弔人』、甲辰、火収　辟遯　大歳位　裁衣・嫁娶・移徙・元服・出行　吉　日遊在内

『柳月』廿九日、乙巳、火開 『大将軍返南　忌夜行』 除手足甲　日出卯初一分　昼五十七刻　日入酉四刻一分　夜四十三刻　大歳位、母倉、厭、重 乗船吉　日遊在内

甲　天道北行、天徳在癸、月殺在未、用時甲丙庚壬

七月大

申　建『土府在卯　土公在井』　月徳在壬、合在丁、月空在丙、三鏡乙辛乾艮巽坤

(9ウ)

『張宿火曜』一　日、丙午、水閉 『不弔人』　逐陣、無翘、往亡　日遊在内

『翼水』二　日、丁未、水建　陽錯　日遊在内

『軫木』三　日、戊申、土除 『土公遊西　不視病』『沐浴』『神吉』下 大雨時行　大歳対、復　日遊在内

『角金』四 ⌝『三吉』上『天一丑寅　不問疾』 日、己酉、土満 沐浴『神吉』上　大歳対、血忌、復　日遊在内

『太禍土』『亢⌝』五 ⌝『金剛峯』 日、庚戌、金平　侯常内　大歳対、天恩、月殺 裁衣吉

『密日』『氐⌝』六 『三吉』下 日、辛亥、金定 沐浴除手足甲　大歳対、天恩、厭対、重 裁衣吉

『房月』七 『大将軍遊北　下食時辰』 日、壬子、木執　大歳位、天恩、九坎、帰忌

『心火』八日、癸丑、木執 立秋七月節『伐』除手甲『神吉』下 涼風至　侯常外　日出卯初二分 大歳後、母倉、帰忌 昼五十六刻 日入酉三刻五分 夜四十四刻

『尾水』九『土公入』日、甲寅、水破 除足甲 上弦　大歳後、復 立門・塗竈・元服・吉 出行・乗船

『箕木』十『天一卯』日、乙卯、水危『神吉』下　大歳後 嫁娶・立屋・立倉・吉 立厩・塗竈

『斗金』十一日、丙辰、土成『不弔人』　大夫節　大歳後、血忌、厭 裁衣・吉 立門

『太禍』『女土』十二日、丁巳、土収『大将軍返南 天間』　大歳前、無翹、重

『密』『虚日』十三日、戊午、火開『不視病 不弔人』『神吉』上 白露降　大歳前 元服・乗船吉　日遊在内

『危月』十四日、己未、火閉『不問疾』『神吉』上　大歳前、母倉、月殺 出行・乗船吉　日遊在内

『室火』十五日、庚申、木建『天一辰巳 下食時巳』後伏 望　陽錯、復

『狼藉』『壁水』十六日、辛酉、木除『忌遠行』除手足甲 沐浴　日出卯初三分 大歳前、九坎、往亡 昼五十五刻 日入酉三刻四分 夜四十五刻

『奎木』十七日、壬戌、水満『伐』『忌夜行』　卿同人　大歳前、母倉、厭対 裁衣吉

『滅』〔門脱〕『婁金』十八日、癸亥、水平沐浴 寒蟬鳴　大歳対、重 裁衣吉

『胃土』十九日、甲子、金定沐浴『大将軍遊東 土公遊北』　大歳対、復 立門・塗竈・元服・出行・乗船 吉

『密』『昴日』廿 日、乙丑、金執『神吉』上 除手甲　大歳対、母倉、帰忌 立門・乗船・塗竈 吉

『畢月』廿一日、丙寅、火破 〔露〕『甘呂 三吉』下『天一午』 除足甲　大歳対 裁衣・立門・移徙・元服 吉

『觜火』廿二日、丁卯、火危『神吉』下『三吉』下　大歳対 元服・出行吉

(8ウ)

『参水』廿三日、戊辰、木成下弦 処暑七月中 鷹乃祭鳥『羅刹 不視病 不弔人』『五墓』公損　大歳対、母倉、血忌、厭 乗船吉　日遊在内

『太禍』『井木』廿四日、己巳、木収『大将軍返南 不問疾』　日出卯初五分 大歳対、無翹、重 昼五十四刻 日入酉三刻二分 夜四十六刻　日遊在内

『鬼金』廿五日、庚午、土開『神吉』中『伐』『三吉』下『土公入 不弔人』　大歳対、復 裁衣吉

『柳土』廿六日、辛未、土閉『羅刹 天一未申』　大歳対、母倉、月殺 立屋・立倉・立門・移徙・出行・乗船 吉

『密』『星日』廿七日、壬申、金建沐浴『神吉』上『下食時巳』　大歳対

『狼藉』『張 月』廿八日、『忌遠行』癸酉、金除 天地始粛　大歳対、九坎

『翼 火』廿九日、『忌夜行』甲戌、火満　辟否　大歳位、厭対、復 裁衣・塗竈・乗船吉

『滅門』『軫 水』卅日、乙亥、火平 沐浴 除手足甲　大歳位、重 裁衣吉

乙　天道東北行、天徳在艮、月殺在辰、用時艮巽坤乾

八月大　建『土府在未　土公在井』

酉　月徳在庚、合在乙、月空在甲、三鏡甲丙庚壬乾巽

『角宿 木曜』一日、丙子、水定『伐』沐浴　大歳位 裁衣吉

『亢 金』二日、『三吉』下『天一酉』丁丑、水執 除手甲『神吉』上　日出卯一刻一分 昼五十三刻　大歳位、母倉、帰忌 裁衣吉　日入酉三刻 夜四十七刻

『三吉』下『土公遊東 不視病』

『氐 土』三日、戊寅、土破『伐』除足甲 禾乃登　大歳位　日遊在内

『密』『房 日』四日、『不問疾』己卯、土危『神吉』上『伐』　大歳位　日遊在内

『心 月』五日、『三吉』下『不弔人』庚辰、金成　侯巽内　大歳対、血忌、厭、復

『尾火』六 日、辛巳、金収『伐』除手足甲　大歳対、天恩、無翹、重

『箕水』七 日、『三吉』上『天一戌亥 不弔人』壬午、木開『神吉』上　大歳対、天恩 嫁娶・元服・出行 吉

『斗木』八 日、『三吉』下 癸未、木開 上弦『伐』 白露八月節 鴻雁来 侯巽外　大歳対、天恩 裁衣吉

『女金』九 日、『土公入』甲申、水閉『神吉』上 沐浴『伐』　大歳対

『狼藉』『虚土』十 日、『下食時午』乙酉、水建『伐』　日出卯一刻三分 昼五十二刻 大歳位、厭対、復 裁衣吉 日入酉二刻四分 夜四十八刻

『密日』『危』十一日、『忌夜行 歳下食』丙戌、土除 『五墓』大夫萃　大歳位、母倉、血忌 」

（7ウ）

『室月』十二日、丁亥、土満『伐』沐浴　大歳位、重

『太禍』『壁火』十三日、『大将軍遊内 天一子 不視病』戊子、火平 沐浴 玄鳥帰　大歳位 移徙・元服吉　日遊在内

『奎水』十四日、『不問疾』己丑、火定 除手甲　大歳位、母倉 塗竈・乗船吉　日遊在内

『婁木』十五日、『三吉』上 庚寅、木執 除足甲 望　大歳位、帰忌 裁衣吉

『胃金』十六日、辛卯、木破除手足甲　大歳後、復、厭

『昴土』十七日、壬辰、水危『伐』『不弔人』　『五墓』卿大畜　大歳後、無翘、月殺

『密』『畢日』十八日、癸巳、水成滅群鳥養羞『大将軍返南　天一天上　忌遠行』　大歳後、重『伏竜在四隅百日』　日出卯一刻五分　昼五十一刻　日入酉二刻二分　夜四十九刻　日遊在内

『滅門』『觜月』十九日、甲午、金収『土公遊南　天間　不弔人』　大歳後、九坎　日遊在内

『参火』廿　日、乙未、金開　『五墓』　大歳後、母倉、復乗船吉　日遊在内

『井水』廿一日、丙申、火閉沐浴『神吉』上　大歳後　日遊在内

『狼藉』『鬼木』廿二日、丁酉、火建下弦『下食時午』　大歳後、厭対裁衣吉　日遊在内

『柳金』廿三日、戊戌、木除社雷乃収声『忌夜行　不視病』秋分八月中　公責　大歳後、母倉、血忌塗竈・出行・吉乗船　日遊在内

『星土』廿四日、己亥、木満没『不問疾』　大歳後、重　日遊在内

『太禍』『密』『張日』廿五日、庚子、土平『大将軍遊西　土公入』　『九虎』大歳後　日遊在内

『翼〳月』廿六日、辛丑、土定『三吉』下　除手甲　『五墓』『〳』大歳後、母倉、復、往亡　裁衣吉　日出卯時正　昼五十刻　日入酉時正　夜五十刻　日遊在内

『軫〳火』廿七日、壬寅、金執『三吉』中　除足甲　大歳後、帰忌　裁衣・立屋・立倉・立厩　吉　日遊在内

『角〳水』廿八日、癸卯、金破『三吉』下　大歳後、厭　裁衣吉　日遊在内

『亢〳木』廿九日、甲辰、火危『三吉』中『不弔人』　蟄虫坏戸　大歳後、母倉、無翹、月殺　裁衣・塗竈・元服・移徙・出行　吉　日遊在内

『氐〳金』卅日、乙巳、火成『大将軍返南　忌遠行』　除手足甲　辟観　大歳後、重、復　裁衣・乗船　吉　日遊在内

（6ウ）

九月小　建『土府在亥　土公在井』

丙　天道南行、天徳在丙、月殺在丑、用時乙丁辛癸

戊　月徳在丙、合在辛、月空在壬、三鏡乙丙丁辛壬癸」

『氐宿土曜』一日、丙午、水収『不弔人』　大歳前、九坎　日遊在内

『密』『房〳日』二日、丁未、水開『三吉』下『神吉』上　大歳前、母倉　裁衣・出行吉　日遊在内

『心月』三日、戊申、土閉『土公遊西　不視病』『神吉』下　沐浴　大歳前、天赦　日出卯二刻二分　昼四十九刻　日入酉一刻五分　夜五十一刻　日遊在内

『狼藉』『尾火』四　日、己酉、土建水始涸『天一丑寅　下食時午　不問疾』　陰道衝陽、厭対　日遊在内

『箕水』五　日、庚戌、金除『忌夜行』　大歳前、母倉、血忌

『斗木』六　日、辛亥、金満除手足甲　『九虎』侯帰妹内　大歳前、天恩、重、復

『太禍』『女金』七　日、壬子、木平『神吉』下　沐浴上弦『大将軍遊北』　大歳後、天恩

『虚土』八　日、癸丑、木定『神吉』下『伐』除手甲　大歳後、天恩、母倉　裁衣吉

『密』『危日』九　日、甲寅、木定寒露九月節鴻雁来賓『土公入』　侯帰妹外　孤辰陰錯、九坎、厭

『狼藉』『室月』十　日、乙卯、水執『神吉』下『天一卯』　大歳後、無翹

『壁火』十一日、丙辰、土破『金剛峯　不弔人』　大歳後　裁衣吉　日出卯二刻四分　日入酉一刻三分　昼四十八刻　夜五十二刻

『奎水』十二日、丁巳、土危『大将軍返南　下食時未』　大夫無妄　大歳前、母倉、血忌、重　裁衣吉

『婁木』十三日、戊午、火成『神吉』上『不視病　不弔人』　大歳前、母倉、復　乗船吉　日遊在内

月蝕十五分之十四半強、虧初子二刻十四分、加時丑二刻七十一分、復末寅二刻四十分、

『太禍』『胃 金』十四日、己未、火収『忌夜行 不問疾』雀入大水為蛤 望　大歳前、復　日遊在内

『昴 土』十五日、庚申、木開『天一辰巳』沐浴　大歳前、厭対

『密』『畢〵 日』十六日〵、辛酉、木閉 除手足甲 沐浴『神吉』下　大歳前 裁衣吉

『觜 月』十七日〵、壬戌、水建『伐』　大歳前

『参 火』十八日、癸亥、水除 沐浴　卿明夷　大歳対、重

『井〵 水』十九日、甲子、金満『大将軍遊東 土公遊北』沐浴 菊有黄花　日出卯三刻 昼四十七刻 大歳対、帰忌 裁衣・乗船吉 日入酉一刻一分 夜五十三刻

『滅門』『鬼〵 木』廿日〵、乙丑、金平『忌遠行 天間』『神吉』上 除手甲　大歳対、月殺 裁衣・乗船吉 」

（5ウ）

『柳 金』廿一日、丙寅、火定『天一午』『〵』土用事　孤辰、九坎、厭

『狼藉』『星 土』廿二日〵、丁卯、火執『神吉』下 下弦　大歳対、無翹 出行吉

『密』『張 日』廿三日、戊辰、木破『不視病 不弔人』　『五墓』　大歳対、復 乗船吉　日遊在内

『大将軍返南　下食時未　不問疾』　日遊在内

『翼月』廿四日、己巳、木危『伐』霜降九月中 豺乃祭獣　公囨　大歳対、母倉、血忌、復

『軫火』廿五日、庚午、土成『神吉』中『伐』『三吉』下『土公入　不弔人』　大歳対、母倉　裁衣吉

『太禍』『角水』廿六日、辛未、土収『天一未申　忌夜行』　大歳対　裁衣・出行吉

『亢木』廿七日、壬申、金開 沐浴　日出卯三刻二分　昼四十五〔六〕刻　大歳対、厭対　日入酉初五分　夜五十五〔四〕刻

『氐金』廿八日、癸酉、金閉『神吉』下 沐浴『三吉』中　大歳対　裁衣吉

『房土』廿九日、甲戌、火建 草木黄落　陰位

十月大

丁　天道東行、天徳在乙、月殺在戌、用時甲丙庚壬

建『土府在辰　土公在庭』

亥　月徳在甲、合在己、月空在庚、三鏡丁癸甲乾艮巽

『密日』『心宿曜』一日、乙亥、火除 沐浴　辟剝　大歳位、重

『尾月』二日、丙子、水満『伐』沐浴　大歳位、帰忌

『滅門』『箕火』三『天一酉　忌遠行』日、丁丑、水平『神吉』上 除手甲　大歳位、月殺

『斗水』四『土公遊東　不視病』日、戊寅、土定『伐』　孤辰、九坎、厭、復　日遊在内

『狼藉』『女木』五『不問疾』日、己卯、土執『神吉』上『伐』 蟄虫咸俯　大歳位、復、無翘　日遊在内

『虚金』六『三吉』下『不弔人』日、庚辰、金破 除手足甲　日出卯三刻四分　昼四十五刻　大歳対、天恩、往亡 裁衣吉　日入酉初三分　夜五十五刻

『危土』七『三吉』下『下食時未』日、辛巳、金危『伐』　侯艮内　大歳対、天恩、血忌、重

『密』『室日』八『三吉』上『天一戌亥　不弔人』日、壬午、木成『神吉』上 上弦　大歳対、天恩、母倉 出行吉

『太禍』『壁月』九『忌夜行』日、癸未、木収『伐』　大歳対 裁衣吉

(4ウ)

『滅門』『奎火』十『土公入』日、甲申、水収 立冬十月節 沐浴『神吉』上『伐』 水始氷　侯艮外　大歳前、母倉

『婁水』十一『三吉』下『忌遠行』日、乙酉、水開『神吉』中 沐浴　大歳後、母倉 裁衣吉

『胃木』十二『歳下食』日、丙戌、土閉　『五墓』　大歳後、復、月殺

『昴金』十三日『下食時申』、丁亥、土建『伐』沐浴　大夫既済　大歳後、九坎、血忌、重

『畢土』十四日『大将軍遊内　天一子　不視病』、戊子、火除
日出卯三刻五分　昼四十四刻
歳博
日入酉初二分　夜五十六刻
日遊在内

『密日』『觜』十五日『不問疾』、己丑、火満　地始凍　望　孤辰、帰忌、厭
日遊在内

『太禍』『参月』⌝十六日、庚寅、木平　除手足甲　大歳後、無翹　堀井・移徙・出行　吉

『狼藉』『井火』⌝十七日⌝、辛卯、木定『神吉』上　大歳対　裁衣・嫁娶・立門・元服　吉

『鬼水』⌝十八日『不弔人』、壬辰、水執『伐』　『五墓』　大歳対、復　裁衣吉

『柳木』十九日『三吉』下『大将軍返南　天一天上』、癸巳、水破　卿噬嗑　大歳対、重、往亡
日遊在内

『星金』廿⌝　日『三吉』上『土公遊南　不弔人』、甲午、金危『神吉』上　野鶏入大水為蜃　大歳対　嫁娶・立門・堀井・塗竈・元服・出行　吉
日遊在内

『張土』廿一日『忌夜行』、乙未、金成　『五墓』　大歳対、厭対　乗船吉
日遊在内

『滅門』『翼』『密日』廿二日『天間』、丙申、火収『⌝』滅
日出卯四刻一分　昼四十三刻
大歳対、母倉、復
日入酉初一分　夜五十七刻
日遊在内

『軫月』廿三日、丁酉、火開『神吉』下 『三吉』上『忌遠行』 沐浴 下弦　大歳対、母倉 裁衣・堀井・立門・吉　日遊在内

『角火』廿四日、戊戌、木閉 『不視病』　絶陽、月殺　日遊在内

『亢水』廿五日、己亥、木建 『下食時申 不問疾』 小雪十月中 虹蔵不見 公大過　絶陰、九坎、血忌、重　日遊在内

『氐木』廿六日、庚子、土除『神吉』上 『大将軍遊西 土公入』 沐浴　大歳対 裁衣・嫁娶・立屋・立倉・堀井・移徙・出行・吉　日遊在内

『房金』廿七日、辛丑、土満　『五墓』行佷、帰忌、厭　日遊在内

『太禍』『心土』廿八日、壬寅、金平 除足甲　大歳対、無翹、復 元服・出行・吉　日遊在内

『狼藉』『密』『尾日』廿九日、癸卯、金定『神吉』上 『金剛峯 三吉』　大歳対 嫁娶・移徙・元服・出行・吉　日遊在内

『箕月』卅日、甲辰、火執 『三吉』中『不弔人』 天気上騰地気下降 除手足甲　日出辰初一分 昼四十二刻　大歳対 立門・堀井・塗竈・吉　日入申四刻 夜五十八刻　日遊在内」

（3ウ）

戌　天道東南行、天徳在巽、月殺在未、用時艮巽坤乾

十一月小　建『土府在申 土公在庭』

子　月徳在壬、合在丁、月空在丙、三鏡甲丙庚壬坤乾

『斗宿火曜』一日、乙巳、火破『神吉』中 『大将軍返南』 辟坤 大歳対、重 裁衣・元服・吉 乗船 日遊在内

『女水』二日、丙午、水危『神吉』上 『三吉』下『不弔人』 大歳位、復 日遊在内

『虚木』三日、丁未、水成 『三吉』下『忌夜行』 大歳位、厭対 裁衣吉 日遊在内

『滅門』『危金』四日、戊申、土収『没』 『土公遊西 不視病』 大歳位、母倉 日遊在内

『室土』五日、己酉、土開『神吉』上 沐浴 『三吉』上『天一丑寅 忌遠行 不問疾』 大歳位、母倉 立屋・立倉・塗竈・吉 堀井 日遊在内

『密』『壁日』六日、庚戌、金閉 除手足甲 閉塞而成冬 大歳位、月殺 裁衣・吉 立門

『奎月』七日、辛亥、金建 沐浴 上弦 『下食時申』 大歳位、九坎、血忌、重

『婁火』八日、壬子、木除 『大将軍遊北』 『六蛇』 侯未済内 歳博、復

『胃水』九日、癸丑、木満『伐』 陰錯了戻、帰忌、厭

『太禍』『昴木』十日、甲寅、水平 除足甲 『土公入』 大歳対、無翹 立門・堀井・塗竈・移徙・元服・出行・乗船・正月事始 吉

文正元年巻紙背

『滅門』『畢 金』十一日、『天一卯』乙卯、水平『神吉』下 大雪十一月節 鶡鳥不鳴 侯未済外 日出辰初二分 昼四十一刻 大歳対 裁衣・嫁娶・元服 吉 日入申三刻五分 夜五十九刻

『觜 土』十二日、『忌夜行 不弔人』丙辰、土定 大歳対 立門吉

『密』『参 日』十三日、『大将軍返南 忌遠行』丁巳、土執 大歳位、重、復 元服吉

『狼藉』『井 月』十四日、『不視病 不弔人』戊午、火破 大夫蹇 大歳位、厭対、血忌 乗船吉 日遊在内

『鬼 火』十五日、『不問疾』己未、火危『神吉』上 望 大歳位、月殺 塗竈・出行吉 日遊在内

『柳 水』十六日、『天一辰巳』庚申、木成 除手足甲 武始交 大歳位、母倉、九坎

『太禍』『星 木』十七日、辛酉、木収『神吉』下 沐浴 大歳位、母倉 堀井吉

『張 金』十八日、『金剛峯』壬戌、水開『伐』 大歳位

(2ウ)

『翼 土』十九日、癸亥、水閉 『六蛇』 大歳前、重、復

『密』『軫 日』廿日、『甘呂〔露〕三吉』中『大将軍遊東 土公遊北』甲子、金建 沐浴 卿頤 大歳前、天赦、厭 裁衣・立門・堀井・塗竈 吉

『角月』廿一日、乙丑、金除『下食時酉』　除手甲　〔『神吉』脱〕上　茘挺出　大歳前、天恩、無翹　裁衣・立門・塗竈・堀井・移徙・正月事始・髪曽木吉

『亢火』廿二日、丙寅、火満『三吉』上『天一午』　除足甲　大歳前、天恩、帰忌　裁衣・立門吉

『滅門』『氐水』廿三日、丁卯、火平『天間』『神吉』下　下弦　大歳前、復　裁衣・元服・出行吉
日出辰初二分　昼四十刻
日入申三刻四分半　夜六十刻

『房木』廿四日、戊辰、木定『忌夜行　不視病』　『五墓』　大歳前　乗船吉　日遊在内

『心金』廿五日、己巳、木執『大将軍返南　忌遠行　不問疾』『神吉』上　大歳前、重　元服・乗船・正月事始・髪曽木吉　日遊在内

『狼藉』『尾土』廿六日、庚午、土破『土公入　不弔人』『伐』　冬至十一月中　蚯蚓結　公中孚　大歳前、厭対、血忌

『密日』『箕』廿七日、辛未、土危『三吉』中『天一未申』　大歳前、月殺　立門・堀井・出行・正月事始吉

『斗月』廿八日、壬申、金成　沐浴　大歳前、母倉、九坎

『太禍』『女火』廿九日、癸酉、金収　除手足甲　大歳前、母倉、復　立門吉

己　天道西行、天徳在庚、月殺在辰、用時乙丁辛癸

十二月大　建『土府在子　土公在庭』

丑　月徳在庚、合在乙、月空在甲、三鏡甲乙丁庚辛癸

『虚宿水曜』一　日、甲戌、火開　　大歳後、往亡　裁衣・塗竈・吉 乗船

『危木』二　日、乙亥、火閉沐浴 鷹角解　　『伏竜在竈内四十日』大歳後、重　元服・正月事始吉

『室金』三　日、丙子、水建『伐』沐浴　辟復　大歳後、厭

『三吉』下『天一西　下食時酉』
『壁土』四　日、丁丑、水除『神吉』上 除手甲　大歳後、無翹、復　裁衣吉

『三吉』下『土公遊東　不視病』
『狼藉』『奎』『密』日』五　日、戊寅、土満『伐』□□□〔除足甲〕　大歳後、帰忌
」

○料紙截断ニ依リ、中欠アリ、

(1ウ)

『土公入』
『参土』十一日、甲申、水成沐浴『伐』　大歳前、母倉、九坎

『狼藉』『井』『密』日』十二日、乙酉、水成 小寒十二月節 沐浴『伐』 雁北嚮 侯屯外　日出辰初二分　昼四十一刻　大歳後　裁衣・煤払吉　日入申三刻五分　夜五十九刻

『滅門』『鬼ヽ月』十三日、丙戌、土収『天間　歳下食』　『五墓』　大歳後　裁衣吉

『柳火』十四日、丁亥、土開『伐』沐浴　大歳後、厭、重

『星水』十五日、戊子、火閉『大将軍遊内　天一子　不視病』望　大夫謙　逐陣、帰忌、血忌、無翹、復　日遊在内

『張木』十六日ヽ、己丑、火建『忌遠行　不問疾』除手足甲　大歳後、復　乗船吉

『翼ヽ金』十七日ヽ、庚寅、木除『三吉』上　除足甲　鵲始巣　大歳後　裁衣・嫁娶・堀ヽ井・元服・出行・正月事始・煤払□〔吉〕

『軫ヽ土』十八日、辛卯、木満『下食時戌』　大歳対　裁衣・立屋・立倉・立門　吉

『太禍』『角ヽ』『密日』十九日、壬辰、水平『伐』『忌夜行　不弔人』臘　『五墓』　大歳対、月殺　裁衣吉

『亢月』廿日、癸巳、水定『大将軍返南　天一天上』　大歳対、母倉、九坎、厭対、重　日遊在内

『氐ヽ火』廿一日ヽ、甲午、金執『三吉』上『土公遊南　不弔人』『神吉』上　卿睽　大歳対、母倉　裁衣・立門・堀井・元服・出行・正月事始・御髪[上]吉　日遊在内

『房ヽ水』廿二日、乙未、金破　野鶏始雊　『五墓』　大歳対　裁衣・乗船　吉　日遊在内

文正元年巻紙背

『心木』廿三日、丙申、火危沐浴下弦『神吉』上　大歳対　日遊在内

『狼藉』『尾金』廿四日、丁酉、火成沐浴土用事『〳〵』　日出辰初一分　昼四十二刻
大歳対
日入申四刻　夜五十八刻　日遊在内

『滅門』『箕土』廿五日、戊戌、木収〳『不視病』　大歳対、復元服・〔出〕□行吉　日遊在内

『密』『斗日』廿六日、己亥、木開滅『不問疾』　大歳対、重、復、厭　日遊在内

『金剛峯　三吉』中『大将軍遊西　土公入』

『女月』廿七日、庚子、土閉沐浴鶏始乳大寒十二月中　公昇〔升〕　大歳対、帰忌、血忌、無翹　日遊在内

『虚火』廿八日、辛丑、土建除手甲『神吉』上
『三吉』下『忌遠行』　『五墓』　大歳対　裁衣吉　日遊在内」

○料紙截断ニ依リ、後ヲ欠ク、

寛正六年仮名暦　（34ウ）

寛正六年のこよみ　きのとのとりのとし
すへて三百五十五日　大さいきのとのとりにあり
大将くんみなみにあり　にしのいさゝかみなみへよりたるはう　としとくかのえにあり
正月大　二月小　三月大　四月小　五月大〔×小〕・　六月小〔×大〕・
七月大　八月大　九月小　十月大　十一月小　十二月大

正月大　　　　　　　　　　　　『｜』とくうかまにあり

ひめハしめよし
はかためよし
きそハしめよし
めうひつよし
ありきハしめよし

一日、つちのとのとり　なる　　　　　ふく日

二日、かのえいぬ　なる　　『｜』正月のせち　くゑ日、ふく日

三日、かのとのゐ　おさむ　　　　　神よし下、ものたつによし
よろつによし、けんふくによし
ちう日

ひめハしめよし
はかためよし
きそハしめよし
くらひつよし
ありきはしめよし

ゆハしめよし
ゆミハしめよし
四日、みつのえね　ひらく　『｜』はせんのハしめ　神によし下、物たつによし
よろつよし、むことりニよし
かとたつによし
よるゆかす

ゆハしめよし
ゆミハしめよし

五日、みつのとのうし　とつ　　　　神よし下、けこ日
きこ日

六日、きのえとら　たつ　　　　　　くゑ日、ふく日

はかためよし
きそハしめよし
くらひつよし

七日、きのとのう　のそく　　　　　神よし下、物たつよし
よろつよし、むことりによし

けんふくによし

ありきハしめよし
ゆハしめによし
ゆミハしめよし

八日、ひのえたつ　みつ　かん日

九日、ひのとのみ　たいら　よろつよし、ちう日
けんふくによし

はかためよし
きそハしめよし
ありきハしめよし
ゆハしめよし
ゆミハしめよし

十日、つちのえむま　さたむ　神よし上、けんふくによし
よろつよし、ありきによし
ふねのるによし

『けしきゐの時』
十一日、つちのとのひつし　とる　神よし上、ありきによし
よろつよし、ふねのるによし

（33ウ）

十二日、かのえさる　やふる　ふく日

ありきハしめよし
ゆミハしめよし

十三日、かのとのとり　あやふむ　神よし下、ゐほるによし
よろつよし、とをくゆかす

十四日、みつのえいぬ　なる　よろし

十五日、みつのとのゐ　おさむ　[は]せんのをハり　よろつよし
ものたつによし、ちう日

十六日、きのえね《ひらく》
よるゆかす、ふく日

ありきハしめよし
十七日、きのとのうし《とつ》
神よし上、かとたつるによし
ものたつよし、ゐほるによし、けこ日
ふねのるによし
きこ日

十八日、ひのえとら《たつ》
仏よし下、かとたつるによし
物たつよし

十九日、ひのとのう《のそく》
神よし下、物たつよし
よろつよし、むことりによし
わたましによし
けんふくによし
ありきによし

廿日、つちのえたつ《ミつ》
かん日

廿一日、つちのとのみ《たいら》
神よし上、けんふくによし
よろつよし、ありきによし
ふねのるによし、ちう日

廿二日、かのえむま《さたむ》
もち日、よろつにいむへし、ふく日

文正元年巻紙背

文正元年巻紙背

『けしきゐの時』

廿三日、かのとのひつし　とる　　仏よし中、かとたつるによし
よろつよし、ゐほるによし
ありきによし
ふねのるによし

廿四日、みつのえさる　やぶる　　よろし

廿五日、みつのとのとり　あやぶむ　　仏よし中、よろつよし
神よし下、かとたつるによし
とをくゆかす

廿六日、きのえいぬ　なる　　物たつよし、ふく日
ふねのるによし

廿七日、きのとのゐ　おさむ　　ちう日

廿八日、ひのえね　ひらく　　よるゆかす

廿九日、ひのとのうし　とつ　　仏よし下、物たつよし
神よし上、きこ日、けこ日

卅日、つちのえとら　たつ　　仏よし下

」

二月小　『⌐』とくうかまにあり

一日、つちのとのう　のそく　神よし上
　やまいをとはす

二日、かのえたつ　ミつ　かん日、ふく日

三日、かのとのみ　ミつ　『⌐』二月のせち　仏よし下、ちう日
　とをくゆかす、ふく日

くしそき

四日、みつのえむま　たいら　神よし上、けんふくによし
　よろつよし、ありきによし

五日、みつのとのひつし　さたむ　仏よし下、けこ日
　物たつよし

六日、きのえさる　とる　よろし

七日、きのとのとり　やふる　めち日、よろつにいむへし、ふく日

『けしきねの時』
八日、ひのえいぬ　あやふむ　ものたつよし

九日、ひのとのゐ　なる　ものたつによし、ちう日

十日、つちのえね《おさむ》
よろつよし、さうさくによし
　けんふくによし
むことりよし、ありきによし、やまいをとハす
　よるゆかす

十一日、つちのとのうし《ひらく》
かん日、やまいをとハす

十二日、かのえとら《とつ》
仏よし上、きこ日
　ゐほるによし

十三日、かのとのう《たつ》
物たつよし、ふく日

十四日、みつのえたつ《のそく》
ものたつよし

かミそき
十五日、みつのとのみ《ミつ》
仏よし下、物たつよし
よろつよし、けんふくによし、ちう日
　とをくゆかす

十六日、きのえむま《たいら》
物たつよし、けこ日
ふねのるよし、ふく日

十七日、きのとのひつし《さたむ》
物たつよし
　ゐほるによし

十八日、ひのえさる　とつ　よろし

十九日、ひのとのとり　やふる　仏よし上
ゐほるによし

『けしきねの時』
廿日、つちのえいぬ　あやふむ　『ーー』ひかんのハしめ
よろつよし、わたましによし
ゐほるによし、ありきによし
やまいをミす

かミそき
廿一日、つちと〔の脱〕のゐ　なる：　神よし上、ふねのるによし、ちう日
よろつよし、やまいをとはす

廿二日、かのえね　おさむ　神よし上、物たつよし、よるゆかす
よろつよし、むことりよし
ゐほるによし
ありきよし

廿三日、かのとのうし　ひらく　かん日、ふく日

廿四日、みつのえとら　とつ　仏よし中、さうさくよし
物たつよし、きこ日

廿五日、みつのとのう　たつ　よろし

廿六日、きのえたつ　のそく　ひ〔か脱〕んのをハり　仏よし中、ゐほるによし
わたましよし、ふね〔のる脱〕によし
よろつよし、けんふくによし
ありきによし

廿七日、きのとのみ　ミつ　神よし中、物たつよし、ちう日
よろつよし、けんふくによし、ふく日
ふねのるによし
とをくゆかす

廿八日、ひのえむま　たいら　神よし上、物たつよし
よろつよし、むことりよし

廿九日、ひのとのひつし　さたむ　仏よし下
物たつよし、けこ日
『＼』
とくうかまにあり

三月大

一日、つちのえさる　とる　神よし下
やまいをみす

二日、つちのとのとり　やふる　仏よし上、やまいをみす
さうさくによし

『けしきねの時』
三日、かのえいぬ　あやふむ　よろつよし、さうさくによし

物たつよし

四日、かのとのゐ　あやふむ　『三月のせち』
仏神よし下、けんふくよし
よろつよし、ちう日

五日、みつのえね　なる　『はせんのハしめ』
神よし上、きこ日
さうさくよし

六日、みつのとのうし　おさむ
物たつよし
とをくゆかす

七日、きのえとら　ひらく
物たつよし、ふねのるによし
ゐほるよし、けこ日

八日、きのとのう　とつ
神よし下、むことりよし
よろつよし、けんふくよし

『けしきうしの時』
九日、ひのえたつ　たつ
よろつよし、ありきによし
けんふくよし

十日、ひのとのみ　のそく
よろつよし、ちう日
けんふくよし

十一日、つちのえむま　ミつ
神よし上、けんふくよし
よろつよし、ふねのる[よ]し、ふく日

よるゆかす
やまいをミす

十二日、つちのとのひつし　たいら　ふねのるよし、ふく日
やまいをとハす

十三日、かのえさる　さたむ　くゑ日

十四日、かのとのとり　とる　神よし下、物たつよし
よろつよし、ゐほるよし

十五日、みつのえいぬ　やふる　かん日

『〳〵』月そくゐ・ねの時

十六日、みつのとのゐ　あやふむ　『〳〵』とようにいる
（補書）「は」せんのをハり
よろつにいむへし
くゑ日、ちう日

十七日、きのえね　なる　くゑ日、きこ日

十八日、きのとのうし　おさむ　くゑ日、とをくゆかす

十九日、ひのえとら　ひらく　くゑ日、けこ日

廿日、ひのとのう　とつ　くゑ日

（29ウ）

『けしきうしの時』
廿一日、つちのえたつ　たつ　　くゑ日、やまいをミす
　ふく日
廿二日、つちのとのみ　のそく　　神よし上、けんふくよし、ちう日
　よろつよし、ありきよし
　やまいをとハす、ふ□□〔く日〕
廿三日、かのえむま　ミつ　　神よし中
　よるゆかす
廿四日、かのとのひつし　たいら　　ふねのるによし
廿五日、みつのえさる　さたむ　　くゑ日
廿六日、みつのとのとり　とる　　仏よし中、よろつよし
　神よし、ものたつよし
廿七日、きのえいぬ　やふる　　かん日
廿八日、きのとのゐ　あやふむ　　ちう日
廿九日、ひのえね　なる　　きこ日
卅日、ひのとのうし　おさむ　　物たつよし

」

とをくゆかす

四月小　『｜』とくうかとにあり

一日、つちのえとら　ひらく　仏よし下、けこ日
やまいをミす、ふく日

二日、つちのとのう　とつ　もち日、よろつにいむへし、ふく日
やまいをとハす

『けしきうしの時』
三日、かのえたつ　たつ　くゑ日

四日、かのとのみ　のそく　仏よし下、ちう日
ものたつよし

五日、みつのえむま　のそく　『｜』四月のせち　神よし上、物たつよし、ふく日
よろつよし、けんふくよし
ありきよし
よるゆかす

六日、みつのとのひつし　ミつ　くゑ日、かん日

七日、きのえさる　たいら　神によし上
けこ日

八日、きのとのとり　さたむ
九日、ひのえいぬ　とる
十日、ひのとのゐ　やふる
十一日、つちのえね　あやふむ
十二日、つちのとのうし　なる
『けしきとらの時』
十三日、かのえとら　おさむ
十四日、かのとのう　ひらく
十五日、みつのえたつ　とつ
十六日、みつのとのみ　たつ

（28ウ）

仏よし下
　神よし中、とをくゆかす
物たつよし、ふく日
ちう日
めち日、よろつにいむへし
　やまいをみす
ゐほるよし、ふねのるよし
かまぬるよし、やまいをとハす
よろつよし、ゐほるよし
物たつよし、わたましよし
　ありきによし
神よし上、物たつよし
よろつよし、けんふくよし
ふく日
仏よし下、けんふくよし
　よろつよし、ちう日
」

文正元年巻紙背

十七日、きのえむま《のそく》
十八日、きのとのひつし《ミつ》
十九日、ひのえさる《たいら》
廿日、ひのとのとり《さたむ》
かミそき
廿一日、つちのえいぬ《とる》
廿二日、つちのとのゐ《やふる》
廿三日、かのえね《あやふむ》

神よし上、むことりよし、ふねのるよし
　ゐほるよし、よるゆかす
よろつよし、かまぬるよし
　けんふくよし、ありきよし
くゑ日、かん日
神よし上
　けこ日、ふく日
仏よし上、よろつよし
　ものたつよし
神よし下、ゐほるよし
　とをくゆかす
よろつよし、ゐほるによし
さうさくによし、かまぬるよし
　わたましよし、やまいをミす
くゑ日、やま〔い脱〕をとハす
　ちう日
仏よし中、よろつよし

神よし上、ものたつよし
むことりよし
ゐほるよし、ありきよし

廿四日、かのとのうし　なる
仏よし下、ゐほるよし
物たつよし、きこ日

『けしきとらの時』
廿五日、みつのえとら　おさむ
よろつよし、けんふくよし
物たつよし、ありきによし
ふく日

廿六日、みつのとのう　ひらく
仏よし下、よろつよし
さうさくよし
神よし上、けんふくによし
ありきによし

廿七日、きのえたつ　とつ
仏よし中、むことりによし、けんふくよし
さうさくによし、ありきよし
よろつよし、ゐほるよし、わたましよし
かまぬるによし

かミそき
廿八日、きのとのみ　たつ
神よし中、物たつよし
よろつよし、けんふくよし

ふねのるよし、ちう日

廿九日、ひのえむま　のそく　くゑ日、よるゆかす、ふく日

五月大　『〱』とくうかとにあり

一日、ひのとのひつし　みつ　くゑ日、かん日

二日、つちのえさる　たいら　神よし下
やまいをミす、けこ日

三日、つちのとのとり　さたむ　神よし上、とをくゆかす
よろつよし、やまいをとハす」

(27ウ)

四日、かのえいぬ　とる　よろつよし

五日、かのとのゐ　やふる　仏神によし、ちう日
よろつよし

六日、みつのえね　やふる　『〱』はせんのハしめ
『〱』五月のせち　くゑ日

七日、みつのとのうし　あやふむ　神よし下、ふく日
物たつよし

八日、きのえとら　なる　ものたつよし

ふねのるよし、きこ日

九日、きのとのう《おさむ》　かん日、けこ日

十日、ひのえたつ《ひらく》　よろつよし、ありきによし
物たつよし

十一日、ひのとのみ《とつ》　よろつよし、とをくゆかす
物たつよし、よるゆかす
ちう日、ふく日

十二日、つちのえむま『けしきうの時』《たつ》　くゑ日、やまを〔い脱〕ミす

十三日、つちのとのひつし《のそく》　神よし上、ありきによし
よろつよし、ふねのるよし
やまいをとハす

十四日、かのえさる《みつ》　神よし上

十五日、かのとのとり《たいら》　神よし上
よろつよし

十六日、ミつのえいぬ《さたむ》　ものたつよし

十七日、ミつのえのゐ　とる　はせんのをハり　よろつよし
ちう日、ふく日

十八日、きのえね　やふる　ものたつよし
ふねのるよし

十九日、きのとのうし　あやふむ　神よし上
よろつよし

廿日、ひのえとり〔ら〕　なる　仏よし下
きこ日

廿一日、ひのとのう　おさむ　『―けし日』　かん日、けこ日
ふく日

廿二日、つちのえたつ　ひらく　ふねのるによし
やまいをみす」

（26ウ）

廿三日、つちのとのみ　とつ　神よし上、ふねのるよし、ちう日
よろつよし、とをくゆかす
よるゆかす、やまいをとハす

『けしきうの時』
廿四日、かのえのむま　たつ　仏よし下

廿五日、かのとのひつし　のそく　仏よし中、ありきによし

廿六日、みつのえさる　ミつ　よろつよし、ふねのるによし
神によし上

廿七日、みつのとのとり　たいら　神によし下、ふく日
よろつよし

廿八日、きのえいぬ　さたむ　よろつよし、ふねのるによし
ありきによし

廿九日、きのとのゐ　とる　よろつよし、ちう日
物たつよし

卅日、ひのえね　やふる　よろつよし

六月小　『⎯』とくうかとにあり

一日、ひのとのうし　あやふむ　『⎯』はんけしやう　神よし上、物たつによし
よろつよし、ふく日

二日、つちのえとら　なる　仏によし下、きこ日
やまいをとハす

三日、つちのとのう　おさむ　かん日、やまいをとハす

（25ウ）

四日、かのえたつ　ひらく　　けこ日
仏よし下
よろつによし

五日、かのとのみ　とつ
仏よし下、とをくゆかす
物たつよし、よるゆかす
ちう日

六日、みつのえむま　とつ　『六月のせち』
仏よし上
ものたつによし

七日、みつのとのひつし　たつ
仏よし下
物たつよし

八日、きのえさる　のそく
神よし上

九日、きのとのとり　ミつ
仏よし下、物たつによし
神よし中、けこ日

十日、ひのえいぬ　たいら
物たつによし　」

十一日、ひのとのゐ　さたむ
ちう日

『けしきたつの時』
十二日、つちのえね　とる
かん日、やまいをミす

きこ日、ちう日

十三日、つちのとのうし　やふる　もち日、よろつにいむへし、やまいをとハす
とをくゆかす、ふく日

かミそき
十四日、かのえとら　あやふむ　仏よし上、物たつによし
よろつよし、ゐほるよし
ありきによし

十五日、かのとのう　なる　めち日、よろつにいむへし

十六日、みつのえたつ　おさむ　ものたつよし

かミそき
十七日、みつのとのみ　ひらく　仏よし下
とをくゆかす、ちう日

十八日、きのえむま　とつ　仏よし上
かまぬるによし

十九日、きのとのひつし　たつ　『――』とようにいる　ものたつによし
ふねのるによし

廿日、ひのえさる　のそく　神よし上

廿一日、ひのとのとり　ミつ　仏よし上、ものたつによし

廿二日、つちのえいぬ《たいら》
廿三日、つちのとのゐ《さたむ》
『けしきたつの時』
廿四日、かのえね《とる》
廿五日、かのとのうし《やふる》
廿六日、みつのえとら《あやふむ》
廿七日、みつのとのう《なる》
廿八日、きのえたつ《おさむ》

神よし下、よろつよし、けこ日
よろつよし、ふねのるによし
ありきによし、やまいをとハす、ふく日
ふねのるによし、ちう日
　やまいをとハす、ふく日
かん日、きこ日
仏よし下、とをくゆかす
　神よし上
仏よし中、むことりによし
　　わたましによし
よろつよし、けんふくによし
　　ありきによし
神よし上、物たつによし
よろつよし、むことりによし
　　わたましによし
　　けんふくによし
よろつよし、むことりによし

わたましによし
物たつよし、けんふくによし
ありきによし

廿九日、きのとのみ《ひらく》　ふねのるによし
よるゆかす、ちう日」

七月大　『―』とくうゐにあり

一日、ひのえむま《ミつ》　くゑ日

二日、ひのとのひつし《たつ》　くゑ日

三日、つちのえさる《のそく》　神よし下
やまいをとハす、ふく日

四日、つちのとのとり《ミつ》　仏神よし上、やまいをとハす
よろつよし、けこ日、ふく日

五日、かのえいぬ《たいら》　よろつによし
ものたつよし

六日、かのとのゐ《さたむ》　仏よし下、ちう日
物たつよし

『けしきたつの時』
七日、ひ〔み〕つのえね　とる　『はせんのハしめ』かん日、きこ日
八日、ひ〔み〕つのとのうし　とる　『七月のせち』神よし下
　きこ日
九日、きのえとら　やふる　よろつよし、かまぬるによし
　けんふくよし、ふく日
　かとたつるよし、ありきよし
　ふねのるよし
十日、きのとのう　あやふむ　神よし上、むことりによし
　よろつよし、さうさくによし
　かまぬるによし
　けんふくによし
十一日、ひのえたつ　なる　物たつよし、けこ日
　かとたつるによし
十二日、ひのとのみ　おさむ　ちう日
十三日、つちのえむま　ひらく　神よし上、けんふくによし
　よろつよし、ふねのるよし
　やまいをミす

十四日、つちのとのひつし　神よし上、ふねのるによし
とつ　ありきによし、やまいをとハす
『けしきみの時』
十五日、かのえさる　くゑ日、ふく日
たつ
十六日、かのとのとり　かん日、とをくゆかす
のそく
十七日、みつのえいぬ　ものたつよし
ミつ　よるゆかす
十八日、みつのとのゐ　『はせんのをハり』ものたつよし
たいら　ちう日
十九日、きのえね　よろつによし、かまぬるによし
さたむ　け〔ん脱〕ふくよし、ふく日
かとたつるによし、ありきによし
ふねのるによし
廿日、きのとのうし　神よし上、かまぬるによし
とる　かとたつるよし、ふねのるによし
きこ日
廿一日、ひのえとら　仏よし下、物たつよし
やふる

廿二日、ひのとのう　あやふむ

廿三日、つちのえたつ　なる

廿四日、つちのとのみ　おさむ

廿五日、かのえむま　ひらく

廿六日、かのとのひつし　とつ

『けしきみの時』
廿七日、みつのえさる　たつ

廿八日、みつのとのとり　のそく

廿九日、きのえいぬ　みつ

よろつよし、かとたつるよし
　わたましよし
　けんふくよし

仏神よし下、けんふくよし
よろつよし、ありきによし

ふねのるによし、けこ日
　　やまいをミす

やまいをとハす、ちう日

仏よし下、物たつよし
　神よし中、ふく日

よろつよし、かとたつによし
　さうさくによし、ありき「に」(補書)よし
　　ふねのるによし

神よし上

かん日、とをくゆかす

ものたつよし、ふねのるによし

かまぬるによし、よるゆかす
ふく日

卅日、きのとのゐ たいら　物たつよし、ちう日

八月大　『⌉』とくうゐにあり

一日、ひのえね さたむ　ものたつによし

二日、ひのとのうし とる　仏よし下、物たつよし
神よし上、きこ日

三日、つちのえとら やふる　仏よし下
やまいをミす

四日、つちのとのう あやふむ　神よし上
やまいをとハす

五日、かのえたつ なる　仏よし下
けこ日、ふく日

六日、かのとのみ おさむ　ちう日

(22ウ)

七日、みつのえむま ひらく　仏神よし上、むことりによし

よろつよし、けふ〔ん脱〕くよし
ありきによし

八日、みつのえ〔との〕ひつし　ひらく　『⌒』八月のせち　仏よし下
物たつよし

九日、きのえさる　神よし上

『けしきむまの時』　とつ

十日、きのとのとり　たつ　物たつよし、ふく日

十一日、ひのえいぬ　のそく　よるゆかす、けこ日

十二日、ひのとのゐ　ミつ　ちう日

十三日、つちのえね　たいら　よろつよし、けんふくによし
わたましよし、やまいをミす

十四日、つちのとのうし　さたむ　よろつよし、ふねのるよし
かまぬるによし、やまいをとハす

十五日、かのえとら　とる　仏よし上
物たつよし、きこ日

十六日、かのとのう　やふる　ふく日

十七日、みつのえたつ　あやふむ　　よろつよし
十八日、みつのとのみ　なる　　めち日、よろついむへし、ちう日
とをくゆかす
十九日、きのえむま　おさむ　　ふねのるよし
ふく日
廿日、きのとのひつし　ひらく　　かん日
廿一日、ひのえさる　とつ　　物たつよし
『けしきむまの時』
廿二日、ひのとのとり　たつ　　神よし上
廿三日、つちのえいぬ　のそく　　よろつよし、ありきによし、けこ日
ふねのるよし
かまぬるよし、よるゆかす
やまいをミす
廿四日、つちのとのゐ　ミつ　　めち日、よろつにいむへし、ちう日
やまいをとハす
廿五日、かのえね　たいら　　よろし

（21ゥ）

廿六日、かのとのうし　さたむ　『ー』ひかんのハしめ　仏よし
　物たつよし、ふく日
廿七日、みつのえ〔と脱〕ら　とる　仏よし中、さうさくによし
　物たつよし、きこ日
廿八日、みつのとのう　やふる　仏よし下
　物たつによし
廿九日、きのえたつ　あやふむ　仏よし下、物たつよし、ありきによし
　よろつよし、かまぬるによし
　わ[た]ましよし
　けんふくによし
卅日、きのとのみ　なる　ものたつによし、とをくゆかす
　ふねのるによし、ちう日、ふく日
『ー』とくうゐにあり

九月小

一日、ひのえむま　おさむ　かん日
二日、ひのとのひつし　ひらく　ひんか〔かん〕のをハり　仏よし下、よろつよし
　神よし上、ものたつよし
　ありきによし

三日、つちのえさる　とつ　神よし下
やまいをミす

『けしきむまの時』
四日、つちのとのとり　たつ　くゐ日、やまいをとハす

五日、かのえいぬ　のそく　よろつよし、けこ日
よるゆかす

六日、かのとのゐ　ミつ　ちう日、ふく日

七日、みつのえね　たいら　『〱』はせんのハしめ　神よし下
よろつよし

八日、みつのとのうし　さたむ　神よし下
ものたつよし

九日、きのえとら　さたむ　『〱』九月のせち　くゐ日、かん日

十日、きのとのう　とる　神よし下
よろつよし

十一日、ひのえたつ　やふる　よろつよし
ものたつよし

『けしきひつしの時』
十二日、ひのとのみ　あやふむ　ものたつよし、ちう日

（20ウ）

十三日、つちのえむま　なる　　けこ日
神よし上、ふねのるよし
よろつよし、やまいをとハす、ふく日　」

『｜月そくね・うしの時』
十四日、つちのとのひつし　おさむ　　よろつよし、やまいをとハす
よるゆかす、ふく日

十五日、かのえさる　ひらく　　よろつよし

十六日、かのとのとり　とつ　　神よし下
よろつよし、ものたつよし

十七日、みつのえいぬ　たつ　　よろし

十八日、みつのとのゐ　のそく　　『｜はせんのをハり』ちう日

十九日、きのえね　ミつ　　ものたつよし、きこ日
ふねのるによし

廿日、きのとのうし　たいら　　神よし上、物たつよし
よろつよし、ふねのるによし
とをくゆかす

廿一日、ひのえとら　さたむ　　『｜とようにいる』くゑ日、かん日

廿二日、ひのとのう　とる　神よし下、ありきによし
よろつよし

廿三日、つちのえのたつ　やふる　ふねのるよし、ふく日
やまいをミす

『けしきひつしの時』
廿四日、つちのとのみ　あやふむ　けこ日、やまいをとハす
ちう日、ふく日

廿五日、かのえむま　なる　仏よし下、物たつよし
神よし中

廿六日、かのとのひつし　□□□〔おさむ〕　よろつよし、ありきによし
□

○料紙截断ニ依リ、後ヲ欠ク、

（43ウ）

長禄二年具注暦日　戊寅歳干土、支木、納音是土、　凡三百八十四日

大歳在戊寅、『名摂提格之歳、為一年君、不可将兵抵向、』　大将軍在子、　大陰在子、

歳徳在中宮戊、合在癸戊、癸上取土、及宜修造、　歳刑在巳、　歳破在申、

文正元年巻紙背

歳殺在丑、　黄幡在戌、　豹尾在辰、

右件大歳已下、其地不可穿鑿動治、因有頽壊事、須修営者、其日与歳徳・月徳・歳徳
合・月徳合・天恩・天赦・母倉并者、修営無妨、

『歳次析木、』

『右件歳次所在、其国有福、不可将兵抵向、』

正月小　閏正月小　二月大　三月小　四月小　五月大　六月小
七月大　八月大　九月大　十月小　十一月大　十二月大

甲　天道南行、天徳在丁、月殺在丑、用時甲丙庚壬

寅　月徳在丙、合在辛、月空在壬、三鏡乙辛乾坤巽艮

正月小　建『土府在丑　土公在竈』

『狼藉』『室宿月曜』一『三宝吉』日、辛酉、木成『神吉』下沐浴　大歳位　比目始・歯固・吉書始・吉倉開・行始

『滅門』『壁火』二『金剛峯』日、壬戌、水収『伐』　大歳位　裁衣吉

『奎水』三日、癸亥、水開鷙鳥厲疾　『六蛇』陰錯、重、厭

『婁〕木』四日、甲子、金閉『大将軍遊東 土公遊北』沐浴 辟臨 大歳前、天恩、天赦、帰忌、血忌、無翘 裁衣・比目始・歯固・倉開・行始・湯始・弓始・吉」

『胃金』五日、乙丑、金建〕『忌遠行』『神吉』上 除手甲 大歳前、天恩 比目始・歯固・吉書始・倉開・行始・湯始・弓始・乗船・吉

日出卯四刻一分 昼四十三刻

日入酉初一分 夜五十七刻

『昴土』六日、丙寅、火除『三吉』下『天一午』 除手足甲 大歳前、天恩 湯殿始吉

『密』『畢〕日』七日、丁卯、火満〕『三吉』下『下食時戌』『神吉』下 上弦 大歳前、天恩 裁衣・歯固・吉書始・行始・湯始・弓始・元服・出行・吉

『太禍』『觜月』八日、戊辰、木平『忌夜行』 水沢腹堅 大歳前、天恩、復、月殺 乗船吉 日遊在内

『参火』九日、己巳、木定『大将軍返西』 大歳前、母倉、九坎、厭対、重、復 日遊在内

『井〕水』十日、庚午、土執『三吉』下『土公入』『神吉』中『伐』 侯小過内 大歳前、母倉 裁衣吉

『鬼〕木』十一日、辛未、土破〕『甘露 三吉』下『天一未申』 大歳前 裁衣・行始・弓始・出行・乗船・吉

『柳金』十二日、壬申、金危 大歳前、往亡

『狼藉』『星土』十三日、癸酉、金成『〕『甘呂〔露〕』 没 大歳前

『密』『張日』十四日、甲戌、火成望　立春正月節　東風解凍　侯小過外　日出卯三刻五分　昼四十四刻　『伏竜在内庭去堂六尺六十日』　大歳対、復、厭　乗船吉　日入酉初二分　夜五十六刻

『太禍』『翼月』十五日、乙亥、火収　『八竜』　大歳対、母倉、無翹、重

『狼藉』『軫火』『大将軍遊南　忌夜行』十六日、丙子、水開　除手足甲　『伐』　大歳対、母倉　裁衣吉

『角水』『三吉』下『天一酉』十七日、丁丑、水閉『神吉』上　除手甲　大夫蒙　大歳対、帰忌、血忌、月殺　裁衣・弓始　吉

『亢木』『三吉』下『土公遊東』十八日、戊寅、土建『伐』　除足甲　大歳対、天赦　日遊在内

『氐金』十九日、己卯、土除『神吉』上　蟄虫始振　『伐』　大歳対、天恩　日遊在内

『房土』廿　日、庚辰、金満　大歳位、天恩、九坎、厭対、復、往亡

『滅門』『心』『密』『日』廿一日、辛巳、金平　大歳位、天恩、重

『尾月』『三吉』上『天一戌亥』廿二日、壬午、木定『神吉』上　下弦　日出卯三刻四分　昼四十五刻　大歳位、天恩　立門・元服・出行　吉　日入酉初三分　夜五十五刻

『箕火』『三吉』下『下食時亥』廿三日、癸未、木執『伐』　卿益　大歳位、天恩

『斗水』廿四日、甲申、水破『土公入』沐浴魚上氷　大歳位、復

『女木』廿五日、乙酉、水危『忌遠行』滅『伐』　大歳対

『虚金』廿六日、丙戌、土成　大歳対、厭　裁衣吉

『太禍』『危土』廿七日、丁亥、土収『天間』『伐』　大歳対、母倉、[無脱]翹、重

『狼藉』『密日』『室』廿八日、戊子、火開『大将軍遊内　天一子　忌夜行』沐浴　大歳対、母倉　嫁娶・移徒[徙]・元服・出行・乗船　吉　日遊在内

『壁月』廿九日、己丑、火閉　雨水正月中　除手足甲　獺祭魚　公漸　大歳対、帰忌、血忌、月殺　堀井吉　日遊在内

閏正月小　随節用之、

『室宿火曜』一日、庚寅、木建『三吉』上　除足甲　日出卯三刻二分　昼四十六刻　大歳対、復　日入酉初五分　夜五十四刻

『壁水』二日、辛卯、木除　三陰

文正元年巻紙背

文正元年巻紙背

『奎木』三　日、壬辰、水満『伐』　『不弔人』　『五墓』　大歳前、九坎、厭対

『滅門』『婁金』四　日、癸巳、水平　『大将軍還北　天一天上』　大歳前、重　裁衣吉　日遊在内

『胃土』五　日、甲午、金定『神吉』上　鴻雁来　『三吉』上『土公遊南　不弔人』　大歳前、復　出行・乗船吉　日遊在内

『密』『昴日』六　日、乙未、金執　『下食時亥』　辟泰　『五墓』　大歳前　乗船吉　日遊在内

『畢月』七　日、丙申、火破　上弦　『神吉』上　大歳前　日遊在内

『觜火』八　日、丁酉、火危『神吉』下　沐浴　『三吉』上『忌遠行』　大歳前　日遊在内

『参水』九　日、戊戌、木成　『不視病』　日出卯三刻　日入酉一刻一分　大歳前、厭　乗船吉　昼四十七刻　夜五十三刻　日遊在内

『太禍』『井木』十　日、己亥、木収『神吉』上　草木萌動　『不問疾』　大歳前、母倉、無翹、重　日遊在内

『狼藉』『鬼金』十一日、庚子、土開『神吉』上　沐浴　『大将軍遊西　土公入　忌夜行』　大歳前、母倉、復　裁衣・出行吉　日遊在内」

『柳土』十二日、辛丑、土閉　『羅刹』　『五墓』　侯需内　大歳前、帰忌、血忌、月殺　日遊在内

(40ウ)

『密』『星㇈『三吉』中
日』十三日、壬寅、金建 除足甲　　大歳前　　日遊在内

『張㇈『三吉』下
月』十四日、癸卯、金除『神吉』上　　大歳前 出行吉　　日遊在内

『㇈』
月蝕十五分之十二半弱、虧初酉七刻廿九分半、加時戌七刻四十五分半、復末亥七刻六十分半、

『翼　『不弔人』
火』十五日、甲辰、火除望 驚〔蟄〕虫二月節 桃始華　候需外　　大歳前　　日遊在内

『軫㇈『大将軍遊北　忌遠行』
水』十六日、乙巳、火満『神吉』中 除手足甲　　大歳前、重、復 裁衣・乗船吉　　日遊在内

『太禍』『角㇈『不弔人』
木』十七日、丙午、水平『神吉』上
日出卯二刻四分　昼四十八刻
大歳後 裁衣吉
日入酉一刻二分〔三〕　夜五十二刻
日遊在内

『亢㇈『三吉』下
金』十八日、丁未、水定　　大夫随　　大歳後、血忌 裁衣吉　　日遊在内

『氐　『土公遊西　不視病』
土』十九日、戊申、土執『神吉』下 沐浴　　大歳後　　日遊在内

『密』『房　『三吉』上『天一丑寅　不問疾』
日』廿　日、己酉、土破 倉庚鳴　　大歳後、天恩、厭　　日遊在内

『心㇈『下食時子』
月』廿一日、庚戌、金危　　大歳後、天恩、無翹、月殺

『尾㇈『三吉』下
火』廿二日、辛亥、金成『神吉』下 沐浴　　大歳後、天恩、母倉、重、復

『滅門』『箕水』廿三日、壬子、木収『神吉』下下弦 〔『忌夜行』〕　大歳前、天恩、母倉

『斗木』廿四日、癸丑、木開『伐』　卿晋　大歳前、天恩、九坎

『女金』廿五日、甲寅、水閉除足甲鷹化為鳩 〔『土公入』〕　大歳前、帰忌乗船吉
日出卯二刻二分　昼四十九刻
日入酉一刻五分　夜五十一刻

『狼藉』『虚土』廿六日、乙卯、水建 〔『天一卯』〕　陽錯、厭対、復

『密』『危日』廿七日、丙辰、土除 〔『不弔人』〕　大歳前出行吉

『室月』廿八日、丁巳、土満 〔『忌遠行』〕　大歳後、重、亡〔往脱〕

『太禍』『壁火』廿九日、戊午、火平除手足甲 〔『不視病　不弔人』〕　大歳後　日遊在内

二月大　建『土府在巳　土公在竈』

乙　天道西南行、天徳在坤、月殺在戌、用時艮巽坤乾

卯　月徳在甲、合在己、月空在庚、三鏡甲丙庚壬乾巽

『奎宿水曜』一日、己未、火定『神吉』上 〔『不問疾』〕　春分二月中　玄鳥至　公解　大歳後、血忌出行・乗船・吉髪曽木　日遊在内

（39ウ）

『天一辰巳』
『婁木』二　日、庚申、木執『神吉』上
沐浴
大歳後

『胃金』三　日、辛酉、木破
日出卯時正　昼五十刻
陰錯、厭、復
日入酉時正　夜五十刻

『下食時子』
『昴土』四　日、壬戌、水危『伐』
大歳後、無翹、月殺

『密日』『畢〻』五〻　日、癸亥、水成
沐浴
大歳位、母倉、重　裁衣・髪曽木吉

『大将軍遊東　土公遊北　忌夜行　天間』
『滅門』『觜月』六　日、甲子、金収
雷乃発声
大歳位、母倉

『参火』七　日、乙丑、金開　辟大壮
大歳位、天恩、九坎、復

『三吉』下『天一午』
『井〻水』八　日、丙寅、火閉上弦
除足甲
大歳位、天恩、帰忌　裁衣吉

〔露〕
『甘呂　歳下食』
『狼藉』『鬼〻木』九　日、丁卯、火建
大歳位、天恩、厭対　裁衣吉

『不視病　不弔人』
『柳金』十　日、戊辰、木除　『五墓』
社
日出卯一刻五分　昼五十一刻
大歳位、天恩　乗船吉
日入酉二刻二分　夜四十九刻
日遊在内

〔露〕
『甘呂　大将軍返北　忌遠行　不問疾』
『星土』十〻一日、己巳、木満『神吉』上
始電
大歳位、重　元服・乗船・吉
髪曽木
日遊在内

『太禍』『張 『密』日』十二日、庚午、土平『伐』 『土公入 不弔人』 大歳位

『翼╲ 月』十三日、辛未、土定 『三吉』中『天一未申』 侯予内 大歳位、血忌、復 裁衣・堀井・出行・吉 乗船・髪曽木

『軫 火』十四日、壬申、金執『神吉』上 沐浴 大歳位

『角╲ 水』十五日、癸酉、金破 沐浴 大歳位、厭 裁衣吉

『亢 木』十六日、甲戌、火破望 清明三月節 桐始華 侯予外 『伏竜在門内百日』 大歳対、九坎

『氐 金』十七日、乙亥、火危 『八竜』 大歳対、重

『房╲ 土』十八日、丙子、水成『伐』 沐浴 『大将軍遊南』 〔三〕 日出卯一刻二分 昼五十二刻 大歳対、帰忌 裁衣吉 日入酉二刻四分 夜四十八刻

『太禍』『心╲ 『密』日』十九日、丁丑、水収『神吉』上 除手甲 『天一酉 忌遠行』 大夫訟 大歳対

」

(38ウ)

『尾 月』廿 日、戊寅、土開『伐』 除足甲 『三吉』下『土公遊東 不視病』 大歳対、天赦、厭対、血忌、復 日遊在内

『箕 火』廿一日、己卯、土閉『神吉』上『伐』 田鼠化為鴽 『不問疾』 大歳対、天恩、復 日遊在内

『斗水』廿二日、庚辰、金建　『下食時丑　不弔人』　陰位

『女木』廿三日、辛巳、金除　『三吉』下『大将軍返北』　下弦『伐』　大歳位、天恩、母倉、重

『狼藉』『虚〕金』廿四日、壬午、木満　『天一戌亥　忌夜行　不弔人』　大歳位、天恩、母倉

『滅門』『危土』廿五日、癸未、木平『〔〕』　没　大歳位、天恩、月殺

『密』『室日』廿六日、甲申、水定　『土公入』　卿蠱　行佷、厭

『壁〕月』廿七日、乙酉、水執　『三吉』下　沐浴『神吉』中『伐』　虹始見　大歳対、無翹
日出卯一刻一分　昼五十三刻
日入酉三刻　夜四十七刻

『奎火』廿八日、丙戌、土破　『五墓』　大歳対、九坎

『婁〕水』廿九日、丁亥、土危『〔〕』土用事　沐浴『伐』　大歳対、重

『胃木』卅　日、戊子、火成『滅〕』　『大将軍遊内　天一子　不視病』　大歳対、帰忌、復　日遊在内

三月小　建『土府在酉　土公在竈』

丙　天道北行、天徳在壬、月殺在未、用時乙丁辛癸

辰　月徳在壬、合在丁、月空在丙、三鏡乙丙丁辛壬癸

『太禍』『胃宿金曜』一〔『忌遠行　不問疾』日、己丑、火収　除手甲　大歳対、復　(異筆)「赤・徳」　日遊在内

『昴土』二　『三吉』上　日、庚寅、木開　穀雨三月中　除足甲　萍始生　公革　大歳対、厭対、血忌　(異筆)「赤口」

『密』『畢日』三〔　日、辛卯、木閉『神吉』上　大歳前　裁衣・移徙・元服・吉

『觜月』四　『下食時丑　不弔人』日、壬辰、水建『伐』　『五墓』　大歳前

『参火』五〔『三吉』下『大将軍返北　天一天上』日、癸巳、水除　日出卯初五分　昼五十四刻　大歳前、母倉、重　元服吉　日入酉三刻二分　夜四十六刻　日遊在内

『狼藉』『井水』六〔『土公遊南　忌夜行　不弔人』日、甲午、金満　除手足甲　大歳前、母倉　裁衣・乗船吉　(異筆)「道」　日遊在内

『滅門』『鬼木』七〔『天間』日、乙未、金平　鳴鳩払其羽　『五墓』　大歳前、月殺、往亡　(異筆)「赤」　裁衣・乗船吉　(異筆)「徳」　日遊在内」

『柳金』八　日、丙申、火定　上弦　辟夬　了戻、厭　日遊在内

『星土』九（露）『甘呂　三吉』上 日、丁酉、火執『神吉』下 沐浴　大歳前、無翹　日遊在内

『密日』『張』十『不視病』日、戊戌、木破　大歳前、九坎、復　（異筆）「赤口」　日遊在内

『翼月』十一日、『不問疾』己亥、木危『神吉』上 沐浴　大歳前、重、復　日遊在内

『軫火』十二日、『三吉』中『大将軍遊西　土公入』庚子、土成 戴勝降桑　大歳前、帰忌 裁衣吉　（異筆）「道」　日遊在内

『太禍』『角水』十三日、『忌遠行』辛丑、土収『神吉』上　『五墓』　日出卯初三分　昼五十五刻　大歳前　日入酉三刻四分　夜四十五刻　（異筆）「赤・徳」　日遊在内

『亢木』十四日、『三吉』中 壬寅、金開 除足甲　（辟）侯旅内　大歳前、厭対、血忌 裁衣吉　日遊在内

『氐金』十五日、『三吉』下 癸卯、金閉『神吉』上 望　大歳前 裁衣・元服・吉 出行　日遊在内

『房土』十六日、『下食時丑　不弔人』甲辰、火建　陽錯　日遊在内

『密日』『心』十七日、『大将軍返北』乙巳、火建『神吉』中 立夏四月節 螻蟈鳴　（辟）侯旅外　大歳位、重 元服・乗船吉　日遊在内

『狼藉』『尾月』十八日、『忌夜行　不弔人』丙午、水除　歳博、復　（異筆）「赤口・道」　日遊在内

『箕火』十九日、丁未、水満　陰錯了戻、九坎、厭　「赤・徳」(異筆)　日遊在内

『太禍』『斗水』廿日、戊申、土平『神吉』下　『土公遊西　不視病』　大夫師　大歳対、血忌、無翹　日遊在内

『女木』廿一日、己酉、土定『神吉』上 沐浴　『三吉』上『天一丑寅　忌遠行　不問疾』　日出卯初二分　昼五十六刻　大歳対、天恩　塗竈吉　日入酉三刻五分　夜四十四刻　日遊在内

『虚金』廿二日、庚戌、金執　蚯蚓出　大歳対、天恩　裁衣吉

『危土』廿三日、辛亥、金破『神吉』下 沐浴　下弦　『三吉』下　大歳対、天恩、重

『密日』『室』廿四日、壬子、木危　大歳位、復、往亡　「道」(異筆)

『壁月』廿五日、癸丑、木成　除手甲　大歳位、帰忌、厭対「赤」(異筆)裁衣吉　「徳」(異筆)

『滅門』『奎火』廿六日、甲寅、水収　除足甲　卿比　『土公入　下食時寅』　大歳位、母倉　裁衣・堀井・塗竈・吉「赤口」(異筆)　元服・出行　」

(36ウ)

『婁水』廿七日、乙卯、水開『神吉』下　壬瓜生〔王〕　『天一卯』　大歳位、母倉　裁衣・嫁娶・立屋・立倉・吉　立厩・塗竈・移徙・元服

『胃木』廿八日、丙辰、土閉　『不弔人』　大歳位、復、月殺　元服・出行吉

『昴金』廿九日、丁巳、土建　陽錯、重　日出卯初一分　昼五十七刻　日入酉四刻一分　夜四十三刻

四月小　建『土府在寅　土公在門』

丁　天道西行、天徳在辛、月殺在辰、用時甲丙庚壬

巳　月徳在庚、合在乙、月空在甲、三鏡丁癸乾坤巽艮

『狼藉』『畢宿土曜』一　日、戊午、火除『忌夜行　不視病　不弔人』　歳博　（異筆）「赤口」　日遊在内

『密』『觜日』二　日、己未、火満『不問疾』　陰錯孤辰、九坎、厭　（異筆）「徳」　日遊在内

『太禍』『参月』三　日、庚申、木平『神吉』上『天一辰巳』　小満四月中　苦菜秀　公小蓄〔畜〕　大歳対、無翹、血忌

『井火』四　日、辛酉、木定『神吉』下『忌遠行』沐浴　大歳対　裁衣・髪曽木・堀井　吉

『鬼水』五　日、壬戌、水執『伐』　大歳対、復　裁衣吉

『柳木』六　日、癸亥、水破　陰陽交破、重　（異筆）「赤・道」

『星金』七　日、甲子、金危『大将軍遊東　土公遊北』沐浴　大歳後　嫁娶・堀井・塗竈・吉　元服・出行

日出寅四刻　昼五十八刻

『張土』八日、乙丑、金成 靡草枯〔死〕除手甲 上弦　大歳後、帰忌、厭対 立屋・立倉・立厩・

日入戌初一分　夜四十二刻　堀井・塗竈・乗船　吉　（異筆）「徳」

『密日』『翼』『天一午 下食時寅 天間』九日、丙寅、火収 除足甲　辟乾　大歳後、天恩、母倉、復 裁衣・元服・出行吉　赤口

『軫月』『三吉』下『歳下食』十日、丁卯、火開『神吉』下　大歳後、天恩、母倉 裁衣・嫁娶・移徙・元服・出行・髪曽木吉

『角火』『不視病 不弔人』十一日、戊辰、木閉　『五墓』　絶陰、月殺　日遊在内

『亢水』『大将軍還北 不問疾』十二日、己巳、木建　陽錯純陽、重　（異筆）「赤・道」　日遊在内

『狼藉』『氐木』『土公入 忌夜行 不弔人』十三日、庚午、土除『神吉』中 小暑至　大歳後 裁衣吉

『房金』『天一未申』十四日、辛未、土満　孤辰、九坎、厭　（異筆）「徳」

『太禍』『心土』十五日、壬申、金平『神吉』上　侯大有内　大歳後、血忌、無翹、復　」

（35ウ）

『密日』『尾』『金剛峯 三吉』中『忌遠行』十六日、癸酉、金定 望 除手足甲 沐浴『神吉』下　大歳後 髪曽木吉

『箕月』十七日、甲戌、火執　大歳前 出行・塗竈・乗船吉　（異筆）「赤口」

『斗╲火』十八日、乙亥、火執 芒種五月節 蟷螂生 侯大有〔外〕　日出寅三刻五分　昼五十九刻
大歳前、重 裁衣吉　赤・道
日入戌初二分　夜四十一刻

『狼藉』『女水』十九日、丙子、水破『伐』『大将軍遊南』　『七鳥』　大歳前、厭対

『虚╲木』廿日、丁丑、水危『神吉』上 除手甲 ╲『三吉』下『天一酉』　大歳前、復、月殺 裁衣吉　（異筆）「徳」

『危金』廿一日、戊寅、土成『伐』除足甲 『三吉』下『土公遊東 不視病』　大夫家人　大歳前、母倉、帰忌　日遊在内

『〔太〕〔禍〕』『室〔土〕□』廿二日、己卯、土収『伐』『不問疾』　大歳前、母倉、九坎、血忌　〔日〕□〔遊〕〔在内〕□」

○料紙截断ニ依リ、後ヲ欠ク、

寛正七年具注暦

（48ウ）寛正七年具注暦日　丙戌歳 干火、支土、納音是土、　凡三百八十四日

大歳在丙戌、『名闍茂之歳、為一年君、不可将兵抵向、』　大将軍在午、　大陰在申、

歳徳在南宮丙、合在辛、丙辛上取土、及宜修造、　歳刑在未、　歳破在辰、

歳殺在丑、　黄幡在戌、　豹尾在辰、

右件大歳巳下、其地不可穿鑿動治、因有頽壊事、須修営者、其日与歳徳・月徳・歳徳合・月徳合・天恩・天赦・母倉并者、修営無妨、

『歳次降婁、』

『右件歳次所在、其国有福、不可将兵抵向』

正月小　二月大　閏二月小　三月大　四月小　五月大　六月小
七月大　八月大　九月小　十月大　十一月小　十二月大

正月小　建『土府在丑　土公在竈』

庚　天道南行、天徳在丁、月殺在丑、用時甲丙庚壬

寅　月徳在丙、合在辛、月空在壬、三鏡乙辛乾坤巽艮

『太禍金曜』『室宿』一『忌夜行』日、甲辰、火平　大歳対、月殺　比目始・歯固・吉書始・倉開・行始・元服・出行吉　日遊在内

『壁土』二『大将軍返南』日、乙巳、火定　鷙鳥癘疾　大歳対、母倉、九坎、厭対、重　日遊在内

『密日』『奎』三『三宝吉』日、丙午、水執『神吉』上　辟臨　大歳位、母倉　裁衣・嫁娶・移徙・出行吉　日遊在内

『婁月』四日、丁未、水破　日出卯四刻一分　昼四十三刻　陽破陰衝　日入酉初一分　夜五十七刻　日遊在内

『胃火』五日、戊申、土危『神吉』下　『土公遊西』　沐浴　大歳位、復　比目始・歯固・吉書始・倉開・吉　行始・湯始・弓始　日遊在内

『狼藉』『昴水』六日、己酉、土成　『天一丑寅』　除手足甲　大歳位、復　日遊在内

(47ウ)

『〔滅〕門』『畢木』七日、庚戌、金収　上弦　水沢腹堅　大歳位　歯固・吉書始・倉開・行始・吉　湯始・弓始・裁衣

『觜金』八日、辛亥、金開　『三吉』　沐浴　大歳位、重、厭

『参土』九日、壬子、木閉　『大将軍遊北』　『六蛇』　侯小過内　逐陣、帰忌、血忌、無翹

『密』『井日』十日、癸丑、木建『伐』　『忌遠行』　陽錯

『鬼月』十一日、甲寅、水除　『羅刹　土公入』　除足甲　大歳対、往亡　裁衣・歯固・吉書始・吉　行始・湯始・弓始

『柳火』十二日、乙卯、水除　『天一卯』　立春正月節　東風解凍　侯小過外　日出卯三刻五分　昼四十四刻　『伏竜在内庭去堂六尺六十日』　大歳前　日入酉初二分　夜五十六刻

『星水』十三日、丙辰、土満　大歳前、九坎、厭対

『滅門』『張⌝ 木』十四日、丁巳、土平 『大将軍返南 天間』 大歳後、重 元服・行始・吉 弓始

『翼 金』十五日、戊午、火定 没『⌝』 望 大歳後 日遊在内

『軫⌝ 土』十六日、己未、火執『神吉』上 除手足甲 『下食時亥』 大夫蒙 大歳後 出行・乗船吉 日遊在内

『密』『角 日』十七日、庚申、木破『神吉』上 沐浴 『天一辰巳』 大歳後、復

『亢⌝ 月』十八日、辛酉、木危 沐浴 蟄虫始振 『忌遠行』 大歳後 裁衣・堀井吉

『氐⌝ 火』十九日、壬戌、水成『伐』 大歳後、厭、往亡 裁衣吉

『太禍』『房⌝ 水』廿⌝ 日、癸亥、水収 沐浴 大歳位、母倉、無翹、重 裁衣吉

『狼藉』『心 木』廿一日、甲子、金開 『大将軍遊東 土公遊北 忌夜行』 『八竜』 大歳位、母倉、復 日出卯三刻四分 昼四十五刻 日入酉初三分 夜五十五刻

『尾 金』廿二日、乙丑、金閉『神吉』上 除手甲 卿益 大歳位、帰忌、血忌、月殺 立門・堀井・吉 乗船

『箕 土』廿三日、丙寅、火建 魚上氷 下弦 除足甲 『三吉』下『天一午』 大歳位、天恩 立門・元服吉

(46ウ)

『密』『斗』〔 日』廿四日、丁卯、火除『三吉』下　大歳位、天恩　裁衣吉
『女 月』廿五日、戊辰、木満『金剛峯』　大歳位、天恩、九坎、厭対　日遊在内
『虚 火』〔『大将軍返南』 廿六日、己巳、木平『神吉』上　大歳位、重　元服・乗船吉　日遊在内
『危 水』廿七日、庚午、土定『神吉』中『伐』『三吉』下『土公入』　大歳位、復
『室 木』〔『三吉』中『天一未申　下食時亥』 廿八日、辛未、土執雨水正月中 獺祭魚　公漸　大歳位　立門・堀井・出行・乗船　吉
『壁 金』廿九日、壬申、金破沐浴 除手足甲　大歳位　日出卯三刻二分　昼四十六刻 日入酉初五分　夜五十四刻
　辛　天道西南行、天徳在坤、月殺在戌、用時艮巽 坤乾

二月大　建『土府在巳　土公在竈』
　卯　月徳在甲、合在己、月空在庚、三鏡甲丙庚 壬乾巽
『奎宿 土曜』〔 一〔『三吉』中『忌遠行』　日、癸酉、金危沐浴『神吉』下　大歳位　裁衣吉
『密』『婁』〔 日』二　日、甲戌、火成　大歳対、復、厭　裁衣・乗船吉

『太禍』『胃月』三　日、乙亥、火収沐浴　『八竜』大歳対、母倉、無翹、重

『狼藉』『昴火』四　日、丙子、水開『忌夜行』鴻雁来『伐』　大歳対、母倉

『畢水』五　日、丁丑、水閉『三吉』下『天一酉』『神吉』上除手甲　辟泰　大歳対、帰忌、血忌、月殺裁衣吉

『觜木』六　日、戊寅、土建『三吉』下『土公遊東　不視病』『伐』除手足甲　大歳対、天赦

『参金』七　日、己卯、土除『不問疾』『神吉』上『伐』　大歳対

『井土』八　日、庚辰、金満『不弔人』上弦　日出卯三刻　大歳位、九坎、厭対、復　昼四十七刻　日入酉一刻一分　夜五十三刻

『滅門』『鬼』『密日』九　日、辛巳、金平『伐』草木萌動　大歳位、重裁衣吉

『柳月』十　日、壬午、木定『三吉』上『天一戌亥　不弔人』『神吉』上　大歳位移徙・元服・吉出行

『星火』十一日、癸未、木執『三吉』下『下食時亥』『伐』　侯需内　大歳位

『張水』十二日、甲申、水破『土公入』沐浴『伐』　大歳位、復

（45ウ）

『翼木』十三日、乙酉、水危『三吉』下『忌遠行』沐浴『伐』『神吉』中　大歳対　裁衣吉

『軫金』十四日、丙戌、土危『下食時子』驚蟄二月節　桃始華『五墓』侯需外　大歳対、無翹、月殺　裁衣吉

『角土』十五日、丁亥、土成『伐』沐浴　大歳対、母倉、重　裁衣吉

『密』『亢日』十六日、戊子、火収『大将軍遊内　天一子　忌夜行　不視病』望　除手足甲　大歳対、母倉　立屋・立倉・立厩・移徙・元服・出行・髪曽木　吉　日遊在内

『氐月』十七日、己丑、火開『不問疾』除手甲　大夫随　大歳対、九坎　日遊在内

『房火』十八日、庚寅、木閉『三吉』除足甲　大歳対、帰忌　裁衣・堀井吉

『狼藉』『心水』十九日、辛卯、木建　倉庚鳴　大歳前、厭対、復

『尾木』廿日、壬辰、水除『伐』『不弔人』　大歳前

『箕金』廿一日、癸巳、水満『三吉』下　大歳前、重　元服吉

『太禍』『斗土』廿二日、甲午、金平『神吉』上『土公遊南　天間　不弔人』　大歳前　裁衣・堀井・元服・出行・髪曽木　吉　日遊在内

『密』『女日』廿三日、乙未、金定下弦　『五墓』卿晋　大歳前、血忌、復　乗船吉　日遊在内

『虚月』廿四日、丙申、火執　鷹化為鳩　沐浴　大歳前　日出卯二刻二分　昼四十九刻　日入酉一刻五分　夜五十一刻　日遊在内

『危火』廿五日、『三吉』丁酉、火破　沐浴　大歳前、厭　堀井吉　日遊在内

『室水』廿六日、⌝『下食時子　不視病』戊戌、木危　社　大歳前、無翹、月殺　立屋・立倉・堀井・吉　移徙・出行　日遊在内

『滅門』『壁木』廿七日、『不問疾』己亥、木成　沐浴　大歳前、母倉、重、往亡　乗船吉　日遊在内

〔奎〕『婁金』⌝廿八日、『大将軍遊西　土公入　忌夜行』庚子、土収『神吉』上　沐浴　大歳前、母倉　裁衣・嫁娶・堀井・移徙・吉　出行・髪曽木　日遊在内

〔婁〕『胃土』廿九日、辛丑、土開　春分二月中　除手甲　玄鳥至　公解『五墓』　大歳前、九坎、復　日遊在内

『密』〔胃〕『昴日』卅日、『羅刹』壬寅、金閉滅⌝』　大歳前、帰忌　日遊在内

閏二月小　随節用之、

(44ウ)

『狼藉』『奎宿月曜』一 日、癸卯、金建　日出卯時正 昼五十刻 大歳前、厭対 裁衣吉 日入酉時正 夜五十刻　日遊在内

『婁火』二 日、甲辰、火除　『三吉』中『不弔人』　大歳前 裁衣・出行・吉 乗船　日遊在内

『胃水』三 日、乙巳、火満『神吉』中　『大将軍返南』　大歳前、重、復 乗船吉　日遊在内

『太禍』『昴木』四 日、丙午、水平『神吉』上 雷乃発声　『不弔人』　大歳後 出行吉　日遊在内

『畢金』五 日、丁未、水定『神吉』上　『三吉』下　辟大壮　大歳後、血忌 裁衣・出行吉

『觜土』六 日、戊申、土執 沐浴 除手足甲　『土公遊西 不視病』　大歳後　日遊在内

『密』『参日』七 日、己酉、土破 沐浴　『三吉』上　大歳後、厭　日遊在内

『井月』八 日、庚戌、金危『神吉』上弦　『三吉』下『下食時子』　日出卯一刻五分 昼五十一刻 大歳後、無翹、月殺 裁衣吉 日入酉二刻二分 夜四十九刻

『鬼火』九 日、辛亥、金成『神吉』下 沐浴 始電　『三吉』下『歳下食』　大歳後、母倉、重、復 裁衣吉

『滅門』『柳水』十 日、壬子、木収『神吉』下　『大将軍遊北』　大歳前、母倉

『星木』十一日、癸丑、木開 除手甲　侯予内　大歳前、天恩、九坎

『張金』十二日、甲寅、水閉 『土公入』　大歳前、帰忌 乗船吉

『狼藉』『翼土』十三日、乙卯、水建 『天一卯』　陽錯、厭対、復

『密日』『軫』十四日、丙辰、土建 『下食時丑　不弔人』 清明三月節 桐始華　侯予外　大歳前 裁衣・出行吉

『角月』十五日、丁巳、土除 『大将軍返南』　大歳後、母倉、重 裁衣吉

『狼藉』『亢火』十六日、戊午、火満 『忌夜行　不視病　不弔人』 望『神吉』上 除手足甲　日出卯一刻三分　昼五十二刻　大歳後、母倉、復 乗船吉　日入酉二刻四分　夜四十八刻　日遊在内

〔滅門〕『□□』『氐水』十七日、己未、火平『神吉』上 『不問疾』　大夫訟　大歳後、復、月殺 出行・乗船吉　日遊在内

『房木』十八日、庚申、木定 『天一辰巳』　陰錯孤辰、厭

『心金』十九日、辛酉、木執『神吉』下 沐浴 田鼠化為鴽　大歳後、無翹

『尾土』廿　日、壬戌、水破『伐』　大歳後、九坎

『□〔密〕』『箕□〔日〕』廿一日、癸亥、水危　絶陰、重

」

○料紙截断ニ依リ、後ヲ欠ク、

政家本年二十四歳、従二位、権中納言、左近衛中将、二月六日任権大納言

（1張）

「（後補褾紙打付書）文正二年○近衛信尹筆、（近衛政家）後法興院殿御記」

[二]月六日、余任権大納言、

三月六日、改文正二年為応仁元年、

中納言中将藤原朝臣政家

文正二年

正月小

日課百首ヲ始ム

元日節会内弁大炊御門信量

一日、戊辰 雪降積地三寸許、及晩雷鳴両三声、

万春之初節幸甚〻〻、「（補書）自今日詠日次歌、百首、毎日一首也、」

節会内弁大炊御門大納言、信量卿、外弁公卿四五輩云〻、

幕府垸飯
畠山義就上洛

藤井嗣賢ニ直垂等ヲ与フ

畠山政長並ニ義就共ニ幕府ニ出仕ス

試筆詩

年首沐浴

試筆詩ヲ哲書記ニ贈ル

義就山名持豊邸ヲ借リ足利義政ノ御成ヲ受ク

管領垸飯如例云々、尾張守（畠山政長）、細川（勝元）・両佐々木（京極持清・六角高頼）・赤松二郎法師（政則）等路次之間、令警固云々、衛門佐（畠山義就）上洛之間、恐憚云々、

（上欄補書1）「一条宰相（河鰭公益）・在永朝臣（唐橋）等来、」

（上欄補書2）「直垂一具・小袖一賜嗣賢（藤井）、」

二日、己巳　晴陰不定、小雪飛散、

是日衛門佐出仕云々、畠山両人昨今出仕、太不被意得事也、

（上欄補書）「余作試筆詩、」

三日、庚午　天快晴、

四日、辛未　晴陰、有和暖之気、入夜小雨灑、

山科少将言国・冷泉少将為広（上冷泉）・富就朝臣（和気）・富樫伏見孫衛門、・芝宰相成典（増運、政家兄）実門坊官、等来、余出逢、

（上欄補書）「年首沐浴如例、」

五日、壬申　晴、　定基朝臣（千本）・晴富（壬生）・随身武春（調子）・同武資（下毛野）等来、

余試筆詩遣哲書記許、則有和韻、

是日（補書）「右」（義就）衛門佐申武家（足利義政）之渡御、令借用山名金吾（持豊）宿所云々、

下辺物忩以外云々、

叙位
執筆二条政嗣

是日叙位儀(×議)也、執筆右大臣(二条)政嗣公云々、」

(2張)
六日、癸酉 晴、 種光(武者小路)朝臣・勧修寺経秀(教)卿子息政顕(勧修寺)・長興(大宮)宿禰・兵部卿(義賢)三宝院坊官・随身宣豊(延)(秦)等来、

祖母弟春濃没

去夜春濃死去、不便々々、殿(近衛房嗣、政家父)御母儀弟也、今年七十有余云々、

近衛房嗣義就ノ上洛ヲ賀ス

今日以使者時(西洞院)顕朝臣被遣太刀、上洛珍重之由、被賀(×仰)仰衛門佐、令対面云々、御使畏存之由、有返答、

白馬節会
内弁日野勝光

七日、甲戌 陰、 節会、内弁一位大納言、勝光(日野)卿、節会白昼云々、

広橋兼顕房嗣並ニ政家ニ拝賀

早旦兼顕(広橋)来申慶、旧冬補蔵人云々(文正元年十二月二十九日)、申次右馬頭行治(町)、着衣冠、出逢、二拝了、殿有御対面、覧吉書、
次余令対面、今日之節会兼顕令奉行云々、
(上欄補書)「一条宰相・種光朝臣・季経(四辻)朝臣・大原野神主在盛等来、」

一条西洞院辺ニ火アリ

八日、乙亥 夜来雨、午刻以後止、 去夜乾方有火事云々、一条西洞院、
実相院(増運、政家兄)・宝池院(政深、政家兄)・如意寺(政瑜)等令来給、有小盃酌事、
丹三位入道(千本篤忠)・種光朝臣・政為(下冷泉)朝臣等来、

三条高倉辺ニ火アリ

酉刻終巽方有火事、三条高倉辺云々、

政家母病ム

(上欄補書)「御局(政家母)自去三日聊不例也、自去夜頼秀(錦小路)朝臣進良薬、風気云々、」
九日、丙子 晴、 横川良俊来、春濃弟也、殿有御対面、余同之、

正親町京極辺ニ火アリ政長被官等諸所ヲ焼キ財宝ヲ奪フ
斯波義廉ヲ管領ト為ス
久我通尚ヨリ平鞘太刀ノ借用ヲ請ハル
房嗣ニ同道シ院等ニ参ル
奥御所等ニ参ル
房嗣除服
祈始
幕府評定始義廉出仕ス

午刻許東方有火事、正親町京極土蔵云々、近日下畠山(政長)被官・悪党等処々酒屋・土蔵、其外小家
多焼払焼払、奪取財宝云々、言語不可説事也、
昨夕武家被仰付管領事於武衛(斯波義廉)治部大輔、「旧冬任兵衛佐」(補書)云々、
「(上欄補書)自久我前右府(通尚)許有使、平鞘太刀可借賜之趣也、不可有子細由被仰之、明夕可進取云々、」
十日、丁丑　晴、　是日殿幷余参処々、余不参禁裏、依未拝賀也、(文正元年正月六日叙従二位)禁裏(後土御門天皇)・仙洞(後花園上皇)・伏見殿(貞常親王)・室町殿(義政)・同若公(ノチノ足利義尚)伊勢兵庫(貞宗)宿所、・今出川殿(足利義視)等也、今日進太刀於今出川殿、去五日被叙正二位、
次向奥御所(政家叔母)・端御所(政家姉)等、先御参御影御前、殿御軽服之間(本月五日房嗣叔父春濃没)、鳥居之外まで御参、次有盃酌事、及晩
帰家、毎事如恒年、
四辻前中納言(季春)・藤中納言(武者小路資世)・侍従為親(五条)・範富(岡崎)・阿伽井防(坊)・球書記・武冬(下毛野)随身、等留守間来云々、
「(上欄補書1)御局不例有減気、」
「(上欄補書2)殿幷御局昨夕有除服事、子細見去六日記、」
十一日、戊寅　晴陰、申刻許小雨灑、　祈始如例年、」
(3張)是日管領(義廉)出仕評定始云々、
哲書記・季経朝臣来、
十二日、己卯　晴、

叙位聞書到来

叙位聞書今日送進之、叙（×任）人如此、
従一位藤原教季（今出川）　藤原実遠（西園寺）
正二位源義視
従二位平時兼（西洞院）
正三位藤原公躬（正親町三条）　藤原経茂（勧修寺）　藤原隆頼（鷲尾）　源有継（六条）　藤原実淳（徳大寺）
正四位上卜部兼倶（吉田）
正四位下賀茂清栄　藤原政長（花山院）
従四位上藤原季経　藤原広光（町）
従四位下藤原春房（万里小路）　藤原公兼（正親町）
正五位上藤原兼顕左大臣（義政）当年御給、
　此外雑〻叙人等有之、

義就等義廉邸ニテ会合

是日畠山右衛門佐・山名金吾・一色左京大夫（義直）等罷向管領宿所、有盃酌事云〻、

房嗣ト共ニ鷹司邸ヲ訪フ

十三日、庚辰　天晴、風吹、
未刻許殿令向鷹司（房平）亭給、余同之、依招引也、数刻有大飲、及秉燭帰宅、亜相（鷹司政平）称労事不被出也、

幕府歌会始

（上欄補書）「武家和歌会始云〻、」

世間物騒ノ報アリ

十四日、辛巳　晴、風吹、　世上物忩以外之由、自方々告示之、

房嗣義廉ノ管領就任ヲ賀ス

就管領職事、今朝被遣御使於武衛、他行云々及晩自武衛許有使、今朝御使之礼也、

細川勝元勢実相院ニ陣ヲ取ラントス

増運近日岩倉ニ移住セントス

政深翌日ヨリ醍醐ニ移ル

十五日、壬午　自巳刻雨降　実相院令来給、世上之儀以外云々、実相院門跡《ヲ》自細川可取陣由申送云々、之迷惑由被物語、伝聞、洞院(公数)家門又自細川籠置群勢云々、前代未聞珍事也、近日実門可有(4張)移住石蔵云々、宝池院自明日居住醍醐云々、

十六日、癸未　晴陰、　自去暁武士等群動、終日上辺騒動、

義政勝元ニ政長合力ヲ止ムベキヲ命ズ

下畠山合力之事可停止之由、自武家被仰細川云々、及晩或人云、細川可止合力、然者山名合力衛門佐事可停止由、細川依申之、此儀先落居、下畠山へ明旦可推寄云々、

踏歌節会ヲ止ム

(上欄補書)「節会無之云々、依物忩歟、言語希代事也、」

十七日、甲申　陰、夜来雨、午刻許止、風吹、

幕府弓始

世上物忩、種々有巷説、終日武士等群動、室町殿弓始如例年云々、

朝倉孝景逆茂木ノ用ニ御経蔵神木ヲ所望

自朝倉(孝景)許管領被官者、令所望御経蔵之神木、サカモキノレウト□□当時之事中々不及異儀被遣了、神慮尤難測、

奥御所等近衛邸ニ避難

(上欄補書)「奥御所・端御所令来給、上辺依物忩也、」

十八日、乙酉　雪霰飛散、風頻吹、

巽方ニ火アリ
政長上御霊社ニ陣ヲ取ル

後土御門天皇並ニ後花園上皇室町殿ニ幸ス

義就政長ノ陣ヲ攻ム

去暁卯刻許巽方有火事、三四ヶ所、下畠山従類宿所云〻、下畠山辺云〻、早旦或人云、下畠山自河原推寄上御霊取陣云〻、天下大乱珍事也、未刻禁裏・仙洞、室町殿へ有行幸・御幸、申刻上畠山衛門佐、尾張守下畠山、陣上御霊へ推寄焼払、二度、時声無隙、両方互死人数十人、其外蒙疵者不知其数云〻、自申刻至寅刻責
戦云〻、
(上欄補書)
「藤中納言来、御両所(後土御門天皇・後花園上皇)只今臨幸、御前衆許祗候武家云〻、関白(二条持通)被馳参云〻、」
(補書)
「就世上事、進使於鷹司前関白(房平)許、悦喜之由有返答、」

十九日、丙戌 晴陰、風吹、

政長没落ス

伝聞、尾張守去暁没落、在賀茂辺云〻、又云、引籠鞍馬云〻、

上御霊社辺ニ火アリ

。主上(後土御門天皇)・上皇(後花園上皇)今夕可有還幸之由風聞、然而無其儀、未静謐之故云〻、種〻有雑説等、入夜北方有火事、御霊辺云〻、

家領信楽郷ヨリ兵士ヲ喚ブ

自信楽(近江国甲賀郡)兵士上洛、五十人、依物忩被召上了、
(上欄補書)
「及秉燭岩坊来、殿有御対面、」

北方ニ火アリ

廿日、丁亥 夜来積雪三寸許、雨又降、 去暁北方有火事云〻、

世上静謐

(5張)
世上之儀無為云〻、未刻許両御所還幸云〻、処〻群勢」悉退散云〻、天下大慶、不能左右〻〻

々々、

（上欄補書）「藤中納言来、」

廿一日、戊子　晴陰、申刻許微雨灑、風吹、

義廉斯波持種邸ヲ攻ム
戦火近キニ依リ義賢ヲ見舞フ

申刻艮方有火事、修理大夫入道（斯波持種、法名道顕）宿所へ自管領推寄焼払云々、修理大夫・同子息竹王（ノチノ斯波義孝）、松王（ノチノ斯波義良）筑紫武衛（斯波義敏）子、等落失云々、被官者十四五人令打死云々、不便至極事也、就火事近々、進。（専使於）三宝院、被命悦喜之由、

先日ノ臨幸御車タルハ不審

（上欄補書）「伝聞、去十八日　主上・上皇・伏見殿、以上御同車臨幸云々、　主上乗御□（々カ）車事、先例如何、可尋記、凡希代事共也、還幸時又以同前云々、」「（補書、今符号ノ意ニ依リ、此ニ収ム）如此非常之時、臨幸先例被用（御輿）葱花、公（供）奉人或直衣、或衣冠也、今度之儀如何、」

廿二日、己丑　晴陰不定、夜来雪積、不満寸、

岩松明純来ル

新田（岩松）兵庫頭（明純）来、余令対面、芝按察成典実相院候人、来、

奥御所等帰宅

（上欄補書）「奥御所・端御所・姫君達令帰給、」

猷意来リ加持ス

廿三日、庚寅　陰、　理覚院猷意僧正来、為加持也、

廿四日、辛卯　夜来雨、巳刻許止、終日猶陰、申刻小雨灑、

宝池院令来給、自来月三日暗誦云々、以外大儀事云々、凡彼門跡勤行超過他門云々、哲書記来、

上御霊社ノ合戦ニ依リ天下触穢

廿五日、壬辰 晴陰不定、時〻雪飛散、風頗吹、
種光朝臣来、伝聞、天下触穢云〻、自去十八日事也、

和歌会始並ニ連歌始

廿六日、癸巳 天顔快晴、　一条宰相余試筆之詩和韻賜之、
是日和歌会始也、題云、庭梅久盛、政為朝臣所献也、次御連歌始也、仍当座略之、事畢有披講、読師藤中
納言、講師時顕朝臣、及晩各分散、

内裏和歌御会

（上欄補書）「伝聞、今日禁裏和歌御会云〻、内〻儀云〻、」
廿七日、甲午 朝晴夕陰、　季経朝臣来、

那智ヨリ道興ノ書状到来

廿八日、乙未 夜来雨、午刻止、風吹、　（道興、政家兄）聖護院自那智有書状、諸事床敷之趣也、徹〔哲〕書記来、
廿九日、丙申 晴陰不定、

非常ノ行幸嘉吉三年例ニ依ル

広橋綱光政家昇進ノ近キヲ語ル

広橋中納言綱光卿来、殿幷余対面、数刻談世事、（補書、今符号ノ意ニ依リ、此ニ収ム）「今度非常行幸之体、被用嘉吉之例云〻、（三年九月二十三日、後花園天皇近衛邸行幸）去年・当年兵革無比類之間、来月辺可有改元云〻、」余昇進事、来月早〻可有御沙汰之由、黄門相語
之、
海蔵院長老・楞伽寺長老等来、殿有御対面、」

鞠始

（6張）
是日鞠始也、

細川一族等幕府ニ出仕ス

（上欄補書）「是日細川一族・京極（持清）・赤松二郎以下出仕云〻、今度物忩以後始也、」（本月二十七日ノ事ナラン）

二月大

一日、丁酉 晴陰、　藤中納言（武者小路資世）・一条宰相（河鰭公益）等来、季経朝臣（四辻）来、
日蝕不正現、如何、今日進那智之返事、相添詩一首、

道興ニ返事ヲ送ル

二日、戊戌 自去暁終日降雨、入夜止、　聞十種香、
入夜向行治（町）宿所、令張行大飲、丑刻許帰家、

十種香

三日、己亥 晴陰不定、風吹、
西堂（文紀曇郁）来、当年始也、三体詩講尺・左伝等今日略之、於詩者作之、去比献題、万年松、先仙、又定来
十一日之題、鶯簧、蕭宵、数刻相談詩事等、
「（上欄補書）伝聞、近日任大臣節会可被行之云々、内府（西園寺実遠）辞退歟、」

詩会

四日、庚子 陰、　是日見毘沙門谷之梅、山巓之遠望尤有其興、帰路巡見泉涌寺・妙動庵・清泉寺・蓮華王
院三十三間也、等、於妙動庵令張行一盞、有一続興、及晩帰家、

毘沙門谷ノ梅ヲ観ル

妙動庵ニテ和歌会

五日、辛丑 晴陰不定、風吹、
種光朝臣（武者小路）・季経朝臣・哲書記等来、
六日、壬寅 陰、雪紛々、風吹、是日可有任大臣▨会云々

任大臣節会
前夜ノ任人
日野勝光内大臣ニ任ゼラル
政家権大納言ニ任ゼラル
二条持通ヨリ昇進ヲ賀セラル
柳原資綱等来リ昇進ヲ賀ス
近衛房嗣勝光ノ任大臣ヲ賀ス
日野家任大臣ノ初例
先ニ花山院持忠没
増運細川勝元ト問答ノ為岩倉ヨリ来ル

今夜任大臣節会也、上卿中院大納言通秀卿云〻、
七日、癸卯 晴陰、雪飛散、風吹、
去夜任人如此、
内大臣藤原勝光(日野)、元一位大納言、権大納言藤原資綱(柳原)還任、・下官、権中納言藤原実仲(四辻)元宰相中将、同日従三位藤原
宗綱(松木)、辞退権大納言藤原雅親(飛鳥井)、
自二条関白(持通)許有使、被賀余昇進事、余相逢御使、殊申自愛之由了、
柳原大納言資綱卿・政為(下冷泉)朝臣・丹三位入道(千本篤忠)・同定基(千本)朝臣・大外記師藤(中原)朝臣等来、賀昇進之事、余
相逢、」
(7張)
任槐事、以使者一条宰相公益卿被遣太刀、「布衣、」(補書)被賀仰内府(勝光)許、申御使畏存之由、令対面云〻、抑彼任槐事
於当家今度初也、家之眉目在此時乎、
(上欄補書)「花山内府入道(花山院持忠)去月初比(七日)令薨去云〻、仍今日以使者被弔仰、他(花山院政長)行云〻、」
八日、甲辰 晴陰、風吹、 頭中将資冬(平松)朝臣来、賀余昇進事、
入夜実相院(増運、政家兄)令来給、是日自石蔵出京云〻、世上物忩、又有種〻雑説云〻、就其自細川(勝元)依有申子
細、為問答被出京云〻、
九日、乙巳 晴陰不定、

足利義政ニ昇進ノ礼ヲ申ス

早旦参室町殿(足利義政)、余昇進礼也、進太刀、有対面、柳原大納言資綱卿・四辻新中納言実仲卿等同参、各昇進礼也、

一条兼良ヨリ昇進ヲ賀セラル

四辻季春等来リ昇進ヲ賀ス

自一条大閤(兼良)〔太〕有使、被賀昇進事、余令対面申自愛由、四辻中納言季春卿・同新中納言実仲卿・六条宰相中将有継卿・清水谷宰相中将実久卿・種光朝臣(唐橋)・在永朝臣・季経朝臣・○為保朝臣(八条)等来、賀余昇進事、余令対面、

「(上欄補書1)午刻許実門(増運)令帰、今日逗留(×門)門跡云々、」

足利義政内裏並ニ院ニ参ル　室町殿ヨリ還御後初度

「(上欄補書2)是日武家(義政)臨幸以後初参内(後土御門天皇)幷院(後花園上皇)参云々、」

楊弓

「(上欄補書3)有楊弓興、」

十日、丙午　陰、紅霞漠々、酉刻雨降、

勝光ヨリ昇進ヲ賀セラル

自日野内府許有使、被賀余昇進事、賜太刀、余使ニ令対面、諸大夫也、藤中納言・(壬生)晴富宿禰・有馬弥二郎(直祐)等来、余令対面了、

奥御所ニテ風呂ニ入ル

未刻許参奥御所(政家叔母)、入風呂、実相院同被来会、晩景帰家、

資綱ヲ院執権ト為ス

「(上欄補書)柳原大納言被仰執権事云々、」

春秋左氏伝ヲ読ム

三体詩講釈

詩会

十一日、丁未　降雨、　郁西堂(曇郁)来、読左伝、次講三体詩、各詠作出来、題鶯簧、蕭宵、去比西堂定題了、又定今度之題、春睡、肴韻、西堂指合間、来月廿日已後可来之由示之、

十二日、戊申 払暁雨止、晴陰不定、酉刻許微雨灑、

久我通尚ヨリ昇進ヲ賀セラル

自久我前右府（通尚）許有使、被賀余昇進事、令返答本意由、

十三日、己酉 晴陰、

松木宗綱ヨリ昇進ヲ賀セラル

蹴鞠

十四日、庚戌 晴陰、 左大弁宰相宗綱卿、来、賀余昇進、殿（近衛房嗣、政家父）幷余相逢、次有蹴鞠興、及晩令退出、自今以後細々可来云々、

乾方ニ火アリ

黄昏時分乾方有火事、無程火消了、

（上欄補書1）「嗣賢（藤井）令一級、従上五位、」

和漢聯句

（上欄補書2）「有和漢興、一折、」

下京ニ物詣ス

十五日、辛亥 陰、暖靄朦朧、◦「黄昏之後風吹、微雨下、未刻許下辺密々令物詣、」

楊弓並ニ蹴鞠

（8張）有楊弓・蹴鞠等興、

世上物謂種々猶有雑説、哲書記来、

房嗣梅枝ヲ内裏並ニ院ニ献ズ

（上欄補書）「被進梅枝於 禁裏（後土御門天皇）・仙洞（後花園上皇）、」

十六日、壬子 降雨、

岩松明純関東下向ノ暇乞ニ来ル

足利成氏ノ追討ヲ命ゼラル

新田兵庫頭（岩松明純）同道（相具）子息（岩松尚純）来、明日下向関東云々、可責成氏（足利）由依有武命、罷下由相語之、殿幷余令対面、有一盞事、退出之後被遣御太刀、及秉燭又為御礼来、殿同余相逢、家門地上ニ祇候之間、依

為近所来也、令持参榧、子息如此間可令在京云々、定基朝臣来、

鷹司政平ヨリ梅枝ヲ贈ラル

(上欄補書)「□(自カ)鷹司(政平)亜相許賜梅枝、」

十七日、癸丑 晴陰、未刻許細雨灑、

七観音参詣

是日参七観音、及晩帰宅、

政平ニ梅枝ヲ贈ル

十八日、甲寅 晴陰、入夜雨下、 進梅枝於鷹司亜相許、又遣西堂許了、

楊弓

十九日、乙卯 或晴或陰、風吹、 季経朝臣来、有楊弓興、

廿日、丙辰 朝日属霽、晩天浮霞、 哲書記来、

蹴鞠

有蹴鞠興、

廿一日、丁巳 晴、去暁雨灑、

鷹司房平並ニ政平ヲ招ク
蹴鞠

鷹司前関白(房平)幷亜相被来、依招引也、藤中納言・一条宰相以下祗候、三献之後有蹴鞠興、大納言幷下官立懸、殿・前関白等不令立給被御覧、入夜及大飲、子刻許被帰宅、余沈酔無正体者也、

政深暗誦ヲ遂グ

(上欄補書)「宝池院(政深、政家兄)暗誦今日被遂其節之由、被示送、凡喜悦之外無他、今度満四度了、」

廿二日、戊午 陰、自酉刻細雨灑、

廿三日、己未 夜来雨、自巳刻止、終日猶陰、風吹、

蹴鞠

廿四日、庚申 陰、酉刻許微雨灑、 有蹴鞠興、

足利義視ノ仲介ニ依リ無為トノ世評

和漢聯句
蹴鞠

十種香
管絃

道興ニ書状ヲ送ル

蹴鞠
院猿楽
和漢聯句

地震

月次和歌会下冷泉政為兼題ヲ出サザルニ依リ政家当座ニ出題ス
楊弓並ニ蹴鞠

北野社ニ参ル

御経蔵ニ参ル

飯尾元連ト二階堂政行近衛邸門前ニテ闘フ

世上物謂、今出川殿(足利義視)之依籌策先以無為之由、有世聞、尤可然事歟、細川与山名(持豊)間事也、

廿五日、辛酉 晴陰、 令張行和漢一折、次有蹴鞠興、

季経朝臣来、入夜聞十種香、次有絃管(ママ)興、

(9張)

廿六日、壬戌 天色蒼々、無片雲、

依便宜那智へ進書状、

廿七日、癸亥 晴、 有鞠興、是日仙洞ニ有猿楽、武家申沙汰云々、哲書記来、入夜有和漢興、一折、

(上欄補書)「及半更地大震、」

廿八日、甲子 晴、 是日月次之会可張行由相定処、兼題不到来之間、無念之至也、自去比仰付政為朝臣之処、令無沙汰了、仍今日詠当座許、二十首、余令出題、次有楊弓・蹴鞠興、

廿九日、乙丑 朝晴夕陰、 前庭桜花盛開、

是日参聖廟、天神経一巻書之、是去月分也、依物忩不参也、今月分又未参、聊依有子細、今日不参御経蔵、

卅日、丙寅 晴陰、入夜微雨下、 今朝未明参御経蔵、

申刻終近所武士騒動、飯尾太〔大〕和守(元連)与二階堂(政行)確執也、太〔大〕和被管〔官〕者令殺害二階堂内者云々、依是自二階堂許推寄之間、自大和許追払了、二階堂内者三人矢庭〇令打死云々、然而引退了、及昏黒武士等令退散、落居歟、不知其故、於門前辺相戦、近比珍事也、三宝院(義賢)より賜人、

房嗣御経蔵上葺修理ニ就キ吉田兼倶ニ尋ヌ

「（上欄補書）自今日御経蔵社頭之上葺被修理之、吉田神主兼倶（吉田）朝臣ニ被相尋処、上葺事仮殿無遷座者不□（可カ）叶由申間、重而被仰云、不可昇御殿上、以鞍懸可被修理也、兼倶申云、於此儀者不可苦云〻、」

三月小

蹴鞠

一日、丁卯　晴陰、午刻許小雨灑、　有蹴鞠興、藤中納言（武者小路資世）・政為（下冷泉）朝臣・季経（四辻）朝臣・定基（千本）朝臣来、有馬〻助（赤松）来、

大館政重等来リ花見ノ酒宴アリ

及晩大館二郎（政重）・同十郎（重信）・同民部少輔（政房）・有馬〻助・▨越阿弥等来、室町殿（足利義政）遁、於花下令張行大飲、子刻許余入裏、各退出、

和歌会

「（上欄補書）有続歌興、十首、」

二日、戊辰　晴陰不定、紅霞（×風吹）漠〻、奥御所（政家叔母）・姫君達被来、▨▨▨▨▨〻給

大館二郎・同十郎・同民部少輔等来、昨日之礼也、余相逢、

蹴鞠

「（上欄補書）有鞠興、」

山名教之被官細川成之内者ヲ殺ス

（10張）

三日、己巳　晴陰、風吹、　申刻許武士等群動、細川（勝元）・山名（持豊）辺之雑説出来歟云〻、酉刻許又相模（山名教之）被管者令殺害讃州（細川成之）内者云〻、依是彼辺物忩云〻、天下已静謐之処、如此題目出来、天魔所為歟、

珍事也、

尽日祝セズ

今日不賞佳辰、無念〻〻、

竹屋治光邸ニ白梅ヲ観ル

入夜亥刻向治光(竹屋)宿所、大白梅盛也、有盃酌事、程近上(×間)夜陰間歩行、子刻終帰家、
(上欄補書1)「在永朝臣(唐橋)・俊藤等来、」
(上欄補書2)「越阿弥来、先日之礼也、余相逢、」

蹴鞠

四日、庚午 晴、夕陰、霞色朦朧、 有鞠興、

改元定
上卿中院通秀

五日、辛未 夜来降雨、 是日改元定也、上卿中院大納言通秀卿、依兵革有此事云〻、

日野資基元服

日野内府(勝光)子息一昨日加首服云〻、名字資基(日野)、今日被送遣太刀、恐悦之由有返答、

河鰭公益ト詩ノ贈答アリ

(上欄補書)「詩一首作之、遣一条宰相(河鰭公益)、則有和韻、」

文正ヲ応仁ニ改ム
勘者高辻継長

六日、壬申 去夜甚雨下、今朝止、 改(×応)文正二年為応仁元年、菅中納言継長(高辻)卿勘進云〻、

足利義政ニ改元ノ祝ニ参ル

及晩参武家(義政)、改元礼也、諸家対面終云〻、下官・聖(青)蓮院(尊応)等遅参也、仍無対面、

春日祭
御経蔵並ニ北野社等ニ参ル

是日春日祭也、余神事如例、午刻許参御経蔵・聖廟等、天神経一巻書之、

幕府改元吉書始
近衛房嗣斯波義廉ニ平鞘太刀ヲ貸与ス

(上欄補書)「自管領(斯波義廉)以内縁申請平鞘太刀之間、被借遣、今日改元出仕云〻、及晩自管領返進太刀、」
七日、癸酉 自早旦雨降、
八日、甲戌 甚雨下、及晩止、入夜月明、

花見

九日、乙亥 天快晴、　是日例年花賞翫也、候人等申沙汰也、

鷹司房平ニ槙ヲ贈ル

(上欄補書、十日条上欄ニアリ、今符号ノ意ニ依リ、此ニ収ム)
「槙六本被進鷹司前関白(房平)許、依所望也、武家渡御之有経営云々、」

増運ヨリ桜枝ヲ贈ラル

十日、丙子 晴、　自実相院(増運、政家兄)石蔵也、送賜桜花枝、有一首詩、則令和韻、卒爾之至、不可説々々々、

日野勝光ノ仲介ニ依リ公益ニ中将兼帯ノ勅許アリ

公益勝光ノ任大臣拝賀ニ扈従セントス

(11張)

明日内府拝賀云々、抑一条宰相羽林兼帯之事、去年(文正元年十二月十四日条参照)」春比被召返了、此事近臣等依訴申也、然而此間就内府彼卿依歎申武家、今日又如元勅許(後土御門天皇)云々、依是彼卿明日拝賀之時、可令扈従云々、依申請榻・牛鞦等被借遣、

房嗣ト共ニ鞍馬ニ参ル

鷹司烏丸辺ニテ勝光拝賀ヲ見物

義政モ見物

十一日、丁丑 天快晴、

是日、殿(近衛房嗣、政家父)幷余令参詣鞍馬、山路之桜花太有其興、於或坊令張行一盞、山中遠望其興不少、日没時分帰宅、今日余処々乗馬、殿又令乗給、帰宅以後立車於鷹司烏丸辺、令見物内府拝賀、殿上前駆十九騎、地下前駆六騎、廿五騎、扈従公卿六人、衛府長等在共、行烈(列)之体凡驚目了、武家立車被見物云々、巨細追而可尋記、

扈従ノ人々

(上欄補書)
「内府扈従、

公卿

柳原大納言資綱、　民部卿(上冷泉)為富、　・広橋中納言綱光、　藤中納言資世、　別当(烏丸)益光、　式部大輔(唐橋)在治、

一条宰相中将公益、

殿上人

殿上人

(坊城)俊顕朝臣　(白川)忠富朝臣」(補書、十四日条上欄ニアリ、今符号ノ意ニ依リ、此ニ収ム)「(高倉)永継朝臣　(法性寺)親宗朝臣　(木幡)雅遠朝臣　(西坊城)顕長朝臣　(町)広光朝臣　(西洞院)時顕朝臣

(下冷泉)政為朝臣　(油小路)隆継朝臣」(補書、十五日条下段ニアリ、今符号ノ意ニ依リ、此ニ収ム)「(高倉)永熙朝臣　(広橋)兼顕　(橋本)公夏　(山科)言国　資基　(烏丸)季光　(月輪)光堅(賢)　橘通任　(吉田)卜部兼

致」

地下前駆

地下前駆

(吉田)忠弘朝臣　光信　(三善)業統　(吉田)忠久　忠直　忠定

衛府長

衛府長

秦兼夏

身固

身固

(西洞院)泰清朝臣

蹴鞠

十二日、戊寅　晴陰、　有蹴鞠興、(文紀曇郁)郁西堂来、

安養法師来、令同道子息、

十三日、己卯　夜来雨降、巳(未)刻許止、入夜月皎〻、　哲書記来、

蹴鞠

十四日、庚辰　朝晴夕陰、　有鞠興、

資基元服ノ礼ニ来ル

兵衛佐資基内府息十三云〻、来、先日就元服被遣御使礼云〻、殿幷余令対面、

房平ヨリ桜枝ヲ贈ラル

自鷹司前関白許被進桜花之枝、被相添棰・肴等、被謝申悦喜之由了、

蹴鞠

十五日、辛巳　晴陰、　有蹴鞠興、

蹴鞠

十六日、壬午　晴、　有蹴鞠興、

十七日、癸未　自去夜降雨、

十八日、甲申　降雨、

蹴鞠

十九日、乙酉　晴陰、　有鞠興、

蹴鞠

廿日、丙戌　晴陰、　有鞠興、

那智ヨリ道興ノ音信アリ

廿一日、丁亥　晴陰、及晩細雨下、　自那智山聖門(道興、政家兄)有音書、先度(二月二十六日)余進処之詩和韻有之、尤有其興、

義賢ヨリ昇進ノ賀ニ太刀ヲ贈ラル

自三宝院(義賢)有使、余昇進(二月六日、任権大納言)礼也、賜太刀、余令対面、

蹴鞠

(12張)

廿二日、戊子　天晴、　実相院(政深、政家兄)・宝池院等令来給、頭弁俊顕朝臣・季経朝臣以下来、有蹴鞠興、及晩

詩会

宝池院被帰、実門(増運)今夜逗留也、郁西堂・哲書記来、今日詩(×之)短尺各到来、又定来廿八日之題、常春

春秋左氏伝ヲ読ム

藤、豪韻、今日余読左伝、

房嗣ト共ニ奥御所ニ参リ藤ヲ観ル

廿三日、己丑　晴、　殿・実相院・余参奥御所見藤花、及黄昏実門幷余帰宅、殿猶御逗留也、

蹴鞠
結城政藤座頭ヲ伴ヒ来ル

廿四日、庚寅　晴、　今日又参奥御所、(実門又同之、或小童同道之、)有鞠興、及晩結城下野守政藤、来、終夜有大飲事、政藤相伴

座頭来、殿賜御服、

県召除目始
執筆勝光

是日懸（県）召除目初也、執筆内府云々、公卿、柳原大納言資綱卿、・広橋中納言綱光卿、・藤中納言資世卿、・中御門宰相宣胤卿、等参入云々、

当年給申文

余申文如此、

望諸国掾

従七位上大江朝（臣脱）遠清

右当年給二合所請如件、

応仁元年三月廿四日　　従二位行権大納言藤原朝臣政家（近衛）

月次和歌会

廿五日、辛卯　朝晴夕陰、（早旦殿同余自奥御所帰宅、実門又被帰石蔵、）是日月次会也、題云、款冬・惜春・変恋、政為朝臣所出也、当座二十首、

蹴鞠

披講以後有鞠興、

此会毎月可為今日也、除目中夜也、

廿六日、壬辰　夜来降雨、及晩止、

県召除目入眼

廿七日、癸巳　晴、　除目入眼云々、

大原野祭

是日大原野祭也、神事如例（×件）、

蹴鞠

廿八日、甲午　晴陰、　有蹴鞠興、「是日進代官於吉田社、毎年事也、」（補書）

北方ニ火アリ

廿九日、乙未　天晴、（風吹、）今朝辰刻北方有火事、細川被管者宿所云々、無程消了、

増運武家和歌会ニ参ル
（13張）及秉燭実相院令来給、今日武家和歌会ニ被参了云々、」去十三日延引也、今夜被帰石蔵云々、則令帰給、来月於　仙洞可有具足御鞠由、今日於武家有沙汰云々、

四月小

一日、丙申　晴陰不定、風吹、　藤中納言（武者小路資世）・政為朝臣（下冷泉）等来、

伝聞、内府（日野勝光）可申　御幸（後花園上皇）云々、

蹴鞠
二日、丁酉　晴陰、風吹、　有鞠興、

除目聞書到来
三日、戊戌　天霽、　聞書到来、

権中納言藤原実久（清水谷）

参議藤原俊顕（坊城）兼、　源具茂（堀川）

左近中将藤原政長（花山院）　藤原季経（四辻）　藤原為広（上冷泉）

参議源具茂左近中将如元、　蔵人頭左中弁藤原広光（町）

辞退

権中納言菅原継長（高辻）

此外雑任少々、

春秋左氏伝ヲ読ム
三体詩講釈
詩会
和漢聯句
蹴鞠

是日三体詩講尺也、先読左伝、又各短尺到来、次有聯句興、一折、定来十二日之題、有約不来、歌韵、去廿八日聯依指合令延引今日了、有鞠興、

年給トシテ阿波掾ヲ賜ハル

（上欄補書1）「余中文任阿波掾、」

政所吉書始
家司広橋兼顕懈怠ニ依リ遅引

（上欄補書2）「今夜殿（近衛房嗣、政家父）被覧政所吉書、家司蔵人右少弁兼顕（広橋）、正月廿上物忩以後于今懈怠也、」

蹴鞠

四日、己亥 晴陰、早旦小雨灑、　有蹴鞠興、

蹴鞠

五日、庚子 晴陰不定、　有鞠興、

那智ニ下ル座頭ニ道興ヘノ書状ヲ託ス

或座頭下向那智之間、以便宜進愚状於聖門（道興、政家兄）了、

（上欄補書）「入夜小雷鳴、　」

六日、辛丑 未明雷鳴高声、雨灑、未刻許又雷雨、及晩止、

御経蔵並ニ北野社ニ参ル

午刻参御経蔵幷聖廟、去月分也、天神一巻〔経脱カ〕書之、正・二・去月分今日令奉納、

蹴鞠

七日、壬寅 晴、　秀俊相伴子息来、有鞠興、

蹴鞠

（14張）
八日、癸卯 晴、　有鞠興、

愛宕山西辺ニ火アリ

酉刻許西方有火事、数刻焼了、アタコノ山ノ西辺也、

蹴鞠

九日、甲辰 晴、　有蹴鞠興、

烏丸益光ヨリ八葉車ノ借用ヲ請ハル

自日野烏丸（益光）許有使、八葉車可借賜之趣也、明日内府申御幸之間、可罷向彼亭料云々、置法式不

破損ニ依リ貸与能ハズ
後花園上皇日野勝光邸ニ御幸アリ
足利義政並ニ同義視参会
当座和歌会
蹴鞠
蹴鞠
春秋左氏伝ヲ読ム
詩会
日課百首和歌ヲ終フ
蹴鞠
御経蔵並ニ北野社等ニ参ル
蹴鞠
賀茂祭延引
蹴鞠
鷹司房平ヨリ手長侍ノ助成ヲ請ハル
義政ノ鷹司邸御成ノ料タリ
六条法華堂火ク
千本辺モ火ク

被借遣人也、被仰其子細、自方々申請而事外依破損也、
十日、乙巳 天快晴、　是日　仙洞(後花園上皇)幸内府弟(第)云々、雲客四人・北面二人供奉、各狩衣云々、▨▨
武家(足利義政・同義視)両所参会、其外公卿同参会云々、今日有当座和歌云々、
(上欄補書)「有鞠興、」
十一日、丙午 晴陰、酉刻許小雨一滴灑、入夜又雨洒、　有鞠興、
十二日、丁未 陰、自午刻雨降、　西堂(文紀曇郁)来、余読左伝、今日無講尺、短尺各到来、来廿四日之題、挿秧、麻韻、
日次百首和歌、至今日終功了、(正月一日ヨリ始ム)
十三日、戊申 晴陰、　有蹴鞠興、賀茂社司進葵、或云、賀茂祭延引云々、下行物之不足故云々、
十四日、己酉 天晴、　是日参御経蔵・北野社等、天神経一巻書之、
有蹴鞠興、賀茂祭延引来廿六日云々、
十五日、庚戌 陰、時々見日景、　有鞠興、
自鷹司前関白(房平)許有使、来廿五日武家可有渡[御][也]、手長侍両三人可召賜云々、無子細之由被申之、
午刻許南方有火事、六条法華堂少々焼亡云々、入夜又乾方有火事、千本辺云々、則消了、

蹴鞠
武者小路種光来リ勝光邸当座和歌会ニ就キ語ル
出題後花園上皇
参会ノ人々
義政並ニ義視和歌所ニ赴ク
需ニ応ジ北野社法楽和歌ヲ詠ム
近衛邸対屋立柱上棟
石清水八幡宮臨時祭試楽
御馬御覧ニ義政参内
坤方ニ火アリ

十六日、辛亥 朝晴夕陰、 有蹴鞠遊興、
種光(武者小路)朝臣来相語云、先日御幸内府弟〔第〕之時、当座御短尺三十首、上皇(後花園上皇)御出題云々、御歌人数、
(15張)
御製・」室町殿(義政)・今出川殿(義視)・内府・儀同(烏丸資任)・柳原大納言(資綱)・権帥(正親町三条公綱)・飛鳥井前大納言(雅親)・勧修寺前中納言(教秀)・
藤中納言入道(高倉永豊、法名常玄)・民部卿(上冷泉為富)・広橋中納言(綱光)・藤中納言(益光)・左衛門督、
殿上人
永継(高倉)朝臣・政為朝臣・尚光(柳原)・季光(烏丸)、
十七日、壬子 夜来雨降、風吹、及晩雨止、
是日武家両所被一見和歌所云々、
十八日、癸丑 晴陰、風吹、及黄昏雷雨、 依或勧進詠遺聖廟法楽、和歌、二首、
十九日、甲寅 天晴、
廿日、乙卯 霽、 是日対屋東方、立柱上棟也、祗候者皆々進太刀、刻限、辰・巳也、
廿一日、丙辰 晴陰不定、未刻許小雨一滴灑、 季経朝臣来、
廿二日、丁巳 天晴、 去夜石清水臨時祭調楽云々、今夜又御馬御覧也、武家参内云々、
廿三日、戊午 霽、 自鷹司殿(房平)大口・小直衣・帯等被借用、則被借遣了、明後日武家渡御云々、
日没時分坤方有火事、無程火消了、

義政等斯波義廉邸ニ赴ク

「(上欄補書)今日武家両所并御台(日野富子)被罷向管領(斯波義廉)許云々、」

廿四日、己未 陰、自午刻降雨、　折五合被進鷹司殿、明日武家依光臨也、喜悦之由有返答、

講尺今日延引也、

「(上欄補書)俊藤来、」

月次和歌会

廿五日、庚申 早旦雨止、風吹、　月次和歌会如例、題云、山遅桜・初郭公・田家水、

義政鷹司邸御成

手長侍二人ヲ遣ハス

是日武家渡御鷹司亭云々、手長侍二人、惟宗行量(町)・藤原長泰(進藤)、各布衣被召進了、先日依被命也、今日有続歌云々、二十首、

義政御成相伴ノ人々

「(上欄補書)武家渡御陪膳(相伴)人数四人云々、内府・飛鳥井(前)大納言・藤中納言入道・広橋中納言、」

賀茂祭

廿六日、辛酉 晴陰、　賀茂祭也、

招引ニ依リ近衛房嗣ト共ニ鷹司邸ニ赴ク

(16張)

申刻許殿并余向鷹司亭、依招引也、盃酌数巡、入夜帰家、前栽之体驚目了、

一条兼良並ニ同教房鷹司邸ニ来ル

廿七日、壬戌 晴陰、　一条太閤(兼良)并前関白(教房)被出鷹司亭云々、依被招引云々、及晩自鷹司前関白有使、一条家門(教房)光臨之間、可有張行一足也、不苦者余可参之由被命、去夜之余酔以外之間、申難参之由了、

蹴鞠ニ招引セラルルモ余酔ニ依リ辞退

石清水八幡宮臨時祭上卿義政

是日石清水臨時祭也、上卿室町殿、委細可尋記、

廿八日、癸亥 陰、自申刻小雨灑、

廿九日、甲子 夜来雨、酉刻許止、

・五月(×四)・大(×小)

日野勝光ヨリ足利義政ノ石清水八幡宮臨時祭上卿勤仕ニ就キ参賀ヲ需メラル

蹴鞠

一日、乙丑 藤中納言(武者小路資世)・政為朝臣(下冷泉)・在永朝臣(唐橋)等来、

内府方(日野勝光)より以藤中納言示送云、依臨時祭上卿事、昨日有参賀、武家(足利義政)邂逅事候之間、御参候者、可然存候之趣也、昨日之参賀事、伝奏(広橋綱光)不相触之間不存知、明日可参之由令返答、

(上欄補書)「有鞠興、」

義政ノ上卿勤仕ヲ賀ス

鷹司政平ト同車シテ参ル

二日、丙寅 晴、 早旦参武家、鷹司亜相(政平)可同車由被示送之間、余車於寄彼門前了、是臨時祭上卿参勤之礼也、有対面、

蹴鞠

政深ヨリ白雀ヲ贈ラル

宝池院(政深、政家兄)令来給、哲書記・谷坊等来、有鞠興、

(上欄補書)「今日宝池院賜白雀、」

勝光ヨリ義政ノ近衛邸御成ヲ申スベキ事ヲ促サル

近衛房嗣家門無力ナルモ等閑ナラザル旨ヲ答フ

三日、丁卯 早旦小雨灑、晴陰、

自日野内府許有使、武家渡御事可被当年申之由、去年御治定之間、(文正元年六月十二日条)早速ニ可被申之由、武家より(可申旨候云々、此事)被催促処々候、御家門へも早々可伝達申之由、被仰出云々、当時家(門)無力之間難叶候、乍去

・不可有等閑之由有御返答、
四日、戊辰　晴、自申刻雨下、雷鳴両三声、
五日、己巳　終日陰、早旦小雨湿、　在永朝臣来、

賀茂社競馬

是日向賀茂令見物競馬、桟敷也、実相院（増運、政家兄）亦被来会、八番之後令帰宅、令同道実門（増運）於家門、今夜逗留也、

蹴鞠

「（上欄補書）有鞠興、」
六日、庚午　降雨申刻以後止、　実相院今日猶逗留、

蹴鞠

大館二郎（政重）・同十郎（重信）来、有鞠興、　」

（17張）
七日、辛未　雨下、　申刻許実門令帰石蔵給、

春秋左氏伝ヲ読ム
三体詩講釈
詩会

八日、壬申　陰、　郁西堂（文紀曇郁）来、読左伝、次講三体詩、短尺各作之、定来十六日之題、雨外夕陽、陽唐韻、不断光院〻主来、

蹴鞠

有鞠興、秀俊来、
故石橋子息（祐義）（治義）来、童形也、五六歳也、殿（近衛房嗣、政家父）有御対面、先日被賀仰出仕始之事了、為其礼来也、

蹴鞠

九日、癸酉　晴、　大館二郎・同十郎・同弥五郎等来、有鞠興、
次令張行一盞、

蹴鞠

十日、甲戌 晴、有蹴鞠興、端御所(政家姉)被来、

関白宣下アリ
二条持通息同政嗣ニ関白ヲ譲与セントス
父子譲与ノ例

昨日詔宣下云々、一条前関白教房公、被還補云々、○一条兼良ノ関白還補セラレタルヲ誤任ス、
抑当職事、二条関白(持通)可有与譲ゝ与。子息右府(二条政嗣)之由風聞之処、一条頻競望之間、被宣下云々、凡父公譲与息之例、御堂殿(藤原道長)譲宇治殿(藤原頼通)、寛仁元三十六、于時摂政、光明峰寺殿(藤原道家)譲洞院殿(藤原教実)、寛喜三七五、其例頗邂逅事也、

御経蔵並ニ北野社ニ参ル

今日殿被賀仰関白事、大閤〔太〕(一条兼良)被対面云々、
(上欄補書)「参御経蔵・聖廟等、天神経一巻書之、」

蹴鞠

十一日、乙亥 終日時々雨下、 雨脚間有鞠興、

世上騒動トノ風聞アリ

近日又世上物忩之由、種々有雑説、
十二日、丙子 自暁更雷雨、申刻許止、
十三日、丁丑 暁来雨未明止、終日陰晴、

畠山義就楞伽寺ニ陣ヲ取ル

自楞伽寺以侍者僧申送云、就世上雑説、自当畠山方(義就)取寺中於陣、竹木等剪取之間、申迷惑之由、珍事也、

蹴鞠

十四日、戊寅 早旦雷雨、午刻以後属晴、 有鞠興、

関白還補ハ一条兼良タリ
准后ノ後還補ハ不審

伝聞、世上之儀種々有雑説、可為明日云々、
抑今度関白事、大閤〔太〕令蒙詔給云々、准后(享徳二年六月二十六日)以後還補事太不審也、可尋、
十五日、己卯 庚ゝ 陰、酉刻許小雨灑、入夜又雷雨、風吹、

洛中混乱

（18張）世上之物忩以外事也、終日運物、又落人等令鼓騒、「可及大乱歟、珍事也、下辺物取悪党等令徘徊云々、

十六日、庚辛辰、降雨、未刻以後止、終日猶陰、入夜又雨下、

池田充正上洛

世上雑説条々満耳、摂州国民池田（充正）令上洛、細川（勝元）被管者也、馬上十二騎、野武士千人許也、過門前間令見物了、

道興ヨリ書状アリ

（上欄補書）「自那智賜書状、則進返報、」

上京物騒ニ依リ奥御所等南里ニ移ル

十七日、辛壬巳、雨下風吹、奥御所（政家叔母）・姫君達被移住南里、上辺依物忩也、物言近々云々、今夜一事可出来歟之由有世聞、珍事也、季経（四辻）朝臣・（千本）定基朝臣等来、

十八日、壬癸午、陰、時々雨灑、

真光院兵士ヲ具シ来ル

入夜小幡（木）真光院来、聖護院（道興、政家兄）候人也、就物忩兵士事被仰付了、別而申通家門者也、雑兵三十人相具、殿有御対面、余又相逢、被仰神妙之由、

（上欄補書）「芝（成典）按察来、余相逢、実門候人也、」

十九日、癸甲未、陰、時々雨下、

内裏並ニ院ノ副番ニ直垂ノ着用ヲ認ム装束調ハザル輩ノ訴ニ依ル

禁裏（後土御門天皇）・仙洞（後花園上皇）自昨日有副番、着直垂祗候云々、不可説事也、此事装束等依有申不合期之由輩、如此被責伏云々、

江辺雅国日野家ノ家礼ト為ル
羽林輩名家ノ家礼ト為ルハ未曽有ナリ

伝聞、右近中将雅国(江辺)朝臣令家礼内府家云々、彼仁元二条家門家礼也、今就権家如此歟、心中未練之至、不可説事也、凡羽林輩令(礼脱カ)家名家事、未曽有事歟、太以不審也、

山名持豊方斯波義廉邸ニテ会合

廿日、甲申 陰、雨如昨日、

今日畠山・山名(持豊)・同大夫(山名政清)・一色(義直)等罷(×向)向管領(斯波義廉)云々、世上之儀談合歟、可恐々々、

宝池院文庫ニ記録ヲ預ク

記録六合奉預宝池院了、依有文庫也、

(上欄補書)「藤中納言来、世上之儀可属無為歟之由、有沙汰云々、」

廿一日、丙乙酉々 晴陰不定、

武田信賢上洛

藤中納言来、相談世上之儀、無一途落居之儀云々、珍事也、武田(信賢)上洛云々、

廿二日、丙戌 早旦雨下、午刻以後止、

(19張)

廿三日、丁亥(×戊)時々雨降、及晩止、

廿四日、己戊子(×丁)晴陰、及晩雷雨、

世上物騒

廿五日、庚己丑(×戊)晴陰、　世上之儀以外物忩也、晩景武士等群動、払暁一定可有一事云々、

廿六日、辛庚寅々 晴陰、午刻許小雨灑、

細川勝元等持豊方ヲ攻ム

乾方終日有兵火、卯刻自細川推寄山名許云々、細川勝元、党・京極正観、(生)(持清)・武田・尾張守政長、(畠山)・赤松二郎(政則)・細川

雌雄決セズ義政勝元方ニ同心

讃岐守(成之)以下、(×大)一家同心在一所云〻、山名同心衆、管領・衛門佐(畠山義就)・土岐(成頼)・一色以下(義直)一族(×旗)等同心云〻、両方手負・死人不知其数云〻、雖然雌雄未決云〻、近比珍事也、武家同心細川云〻、委細追可尋記、大概風聞分如此、

細川方優勢ノ風聞アリ

廿七日、壬(辛)卯〻　晴陰、酉刻許雷雨、

乾方六七ヶ度有焼亡、終日矢師云〻、細川聊得理、之由山名用害大略焼落云〻、

廿八日、癸(壬)辰〻　晴陰、午刻許小雨下、　上辺四五ヶ所有火事、今日無殊合戦、矢師許云〻、可経日数歟、珍事也、

道興ヨリ書状アリ

自那智有書状、

上京ニ火アリ
家領信楽郷ヨリ兵士到着

廿九日、癸巳　降雨、　早旦上辺有火事、合戦之体如昨日云〻、自信楽(近江甲賀郡)兵士少〻到来、

上京ニ火アリ
艮方ニモ火アリ

卅日、甲午　晴、　上辺有火事、無程火消了、合戦如昨日云〻、深更艮方有火事、

六月小

一日、乙未　早旦小雨灑、午刻以後属晴、

乾方ニ火アリ時声間断無シ

未刻許乾方有火事、及晩時声無間断、

(20張)
岩坊来、聖門(道興、政家兄)候入、殿(近衛房嗣、政家父)有御対面、申入世上之物忩事、則令退出、今日参武家(足利義政)云〻、相具兵士数輩、

二日、丙申 天晴、　未刻許地震、

（地震）

乾方両度有火事、合戦之体如此間云々、

（乾方ニ火アリ）

昨今日々諸国大勢上洛云々、

（諸国ノ軍勢上洛）

三日、丁酉 晴、及暁更雨下、　今日無殊合戦云々、哲書記来、

四日、戊戌 時々雨灑、　今日又無合戦云々、細川(勝元)依申請自武家被出旗云々、御台(日野富子)・内府(日野勝光)等自山名(持豊)依相語、旗事なと相支云々、依是自細川可発向内府亭之由、有其聞間、太以令恐怖云々、

（足利義政細川勝元ノ申請ヲ容レ旗ヲ与フ）

（勝元日野勝光邸ヲ攻メントス）

大館(重信)十郎来、余相逢、

五日、己亥 晴陰、及晩甚雨下、雷一両声、

乾方終日焼亡、有合戦云々、

（乾方終日火アリ）

六日、庚子 晴、　西・乾方終日有焼亡、合戦如昨日云々、

（西方並ニ乾方終日火アリ）

哲書記来、

七日、辛丑 晴、　未刻許近々有火事、近衛西洞院辺也、武衛(斯波義廉)与尾張守(畠山政長)衆有合戦、先之上辺有火事、又合戦如日々云々、火事近々之間、殿令向三宝院(義賢)給、今夜御逗留也、天下安危難測、珍事也、

（近衛西洞院辺ニ火アリ）

（斯波義廉勢ト畠山政長勢戦フ）

（近衛房嗣三宝院ニ避難）

(上欄補書)「祇薗御霊会不及沙汰、」

（祇園御霊会行ハレズ）

八日、壬寅 天晴、　乾・西方二三ケ度有火事、昼以後有合戦云々、種々猶有雑説、入夜近所西方有火事、

（近衛邸西辺ニ火アリ）

近衛家女中等岩倉ニ避難
奥御所衆ハ今熊野ニ避難
房嗣近衛邸ニ戻ル
西方ニ火アリ
火近隣ニ及ブ
房嗣三宝院ニ避難
飛鳥井雅親邸和歌所火ク
廷臣邸焼失
一条道場焼失
光物出現

時声有両三度、無程静謐、不知子細、
今日女中悉被出石蔵、近所事外依物忩也、奥御所(政家叔母)衆被出今熊野、依有縁也、京中之式言語道断
事也、
(上欄補書1)「早旦殿(義賢)自三門御帰宅、」
(上欄補書2)「藤中納言(武者小路資世)来、」
九日、癸卯 晴、 上辺今日無合戦云々、此辺聊(×又)物忩也、 」
十日、甲辰 晴、 今日又無合戦、不知子細、西方有火事、
(21張)
十一日、乙巳 晴、 早旦西方三四ヶ度焼亡、自未刻及黄昏ニ又焼亡、自中御門至小川坊城宿所(俊顕)辺焼
了、町・西洞院・油少路等也、此所火事近々之間、自宝池院(政家兄、政深)被進御迎、殿有御出、及晩御帰宅、飛
鳥井前大納言(雅親)宿所、和歌所以下悉焼失、種光朝臣(武者小路)・時顕朝臣(西洞院)・頭弁広光朝臣(町)・勧修寺小川坊城
常〔槃〕ノ井宮(全明親王)・西川宿所(房任)等焼了、其外武家輩不可勝計云々、今分天下大乱難休歟、可恐々々、一条道
場・比丘尼所両所焼亡、
前官務長興(大宮)宿禰・権大外記康顕(中原)等来、令対面、
(上欄補書)「去夜有光物云々、」
十二日、丙午 晴、酉刻許雨一滴、 今日無合戦、

山名持豊方稍優勢トノ風聞アリ

義廉勢路次ニテ兵糧ヲ奪フ

月初ニ警固ノ宣下アリ消息宣下ニ依ルハ前例無シ

房嗣宇治ニ避難

近衛邸ニ戦火迫ル木下土蔵火ク

政家三宝院ニ避難

候人等尽力ニ依リ近衛邸無為

十三日、丁未 晴、 両三度乾方焼亡、有合戦、山名方〔聊〕得理云々、弥天下大儀也、今日櫃少々〔預〕遣石蔵、

十四日、戊申 晴、申刻許雷鳴、雨一滴、

今日無合戦云々、及晩焼上〔西方〕、則火消了、時声一両度、今日聊物忩也、武衛(×衛)衆於路次取兵粮云々、

十五日、己酉 晴陰、申刻雷鳴、小雨下、入夜又雨下、

今日無合戦、「(補書)伝聞、今月始比警固事有宣下、上卿依不参、職事以消息令宣下云々、抑▨消息宣下事、元来無其例云々、上卿以下乱中依不所持装束也、上卿柳原大納言(資綱)、頭弁広光朝臣云々、」

十六日、甲〔庚〕戌 晴陰、酉刻許雨灑、 藤中納言来、

是日殿令向宇治給、此辺可取陣由〔依〕有沙汰也、余暫之可有御留守也、治光(竹屋)・嗣賢(藤井)・行治(町)・以宣(斎藤)・伊益(進藤)等御共也、自宇治進御迎、 智慧光院々主来、

十七日、乙〔辛〕亥 晴、申刻許小雨灑、風吹、

午刻終東方有火事、富樫宿所(鷹司烏丸)也、自放火云々、家門以外近々也、木下土蔵〔既焼了〕(家門地上也)、折節東風吹、家門既事危▨之処、風聊立直之間、無別事、火既吹懸之時分、余参三宝院、晩景火静帰家、今日火事家門無為之儀、併依神慮也、喜悦無極者也、召仕侍以下致粉骨了、

広橋中納言(綱光)・藤中納言等於三宝院相逢、 宰相中将(河鰭公益)宿所今日焼了、」

（22張）
十八日、丙〔壬〕〻子晴、及晩雷鳴、小雨、丹〔（千本篤忠）〕三位入道来、秀俊来、
十九日、癸・丑（×丁）晴、酉刻許雷雨、琮蔵主来、
廿日、戊〔甲〕〻寅晴、哲書記来、
廿一日、己〔乙〕〻卯晴、
廿二日、庚〔丙〕〻辰晴、世上之儀冥〻無尽期、

義廉ノ陣取ル
桃井邸火ク

廿三日、辛〔丁〕〻巳晴、午刻許小雨灑、入夜〔丑刻、〕南方有火事、近習桃井宿所也、自放火云〻、此間彼家自武衛取陣了、
廿四日、壬〔戊〕〻午晴、

細川勢義廉方ヲ攻ム

廿五日、癸〔己〕〻未晴、未刻許自細川推寄武衛許焼払処〻、勝負未決也、行治・親康（丹波）・行量（町）・以高（斎藤）・能円以下宿所焼失、。

鷹司邸ニ避難

廿六日、甲〔庚〕〻申晴、今日又責武衛、用害一ケ所責落了、
。〽入夜参北御所、家門武衛近〻之間、為用心也、
。〽早旦自鷹司殿帰宅、入夜又参鷹司殿、藤中納言来、

久我邸焼失

今日方〻焼亡、久我家門焼失云〻、

鷹司邸ヨリ戻ル

廿七日、乙〔辛〕〻酉。〽早旦自北殿帰宅、晴、今日此辺有合戦、芝按察〔成典、〕来、

御霊社旅所等火ク

廿八日、丙〔壬〕戌 晴、巳刻許小雨灑、〔今日又有合戦、〕処々焼亡、御霊御旅所又頼秀(錦小路)朝臣宿所焼了、家門余ニ迷惑之間、及黄昏向俊宣(北小路)宿所、

南方ニ火アリ入手叶ハザルニ依リ供楾ヲ止ム

廿九日、癸亥 〔自今日不供楾、依不求得也、〕晴、 南方四五ケ所有焼亡、 藤中納言来、

七月大

諸所火ク

一日、甲子 晴、朝間小雨灑、 処々焼亡、哲書記来、

二日、乙丑 晴、 藤中納言(武者小路資世)来、

斯波義廉三福寺ヲ火ク

御経蔵焼失

三日、丙寅 晴、及晩雨灑、 処々焼亡、「三福寺焼了、自武衛(斯波義廉)令放火云々、珍事也、「山科少将言国(補書)宿所焼了、御経蔵令焼失了、時刻到来、可歎々々、」」

四日、丁卯 晴陰、風吹、

前月十八日ノ流星

(23張)

去月十八日有流星云々、勘文尋記之、

勘解由小路在貞勘文

今月〔日〕戊時、流星、出南天下乾地、其大如甕、其色赤白、

晋書

晋書志曰、流星者天使也、所堕之処大戦流血、

占申云、流星如火炎、其兵起人流散、

又云、色白為兵喪、

又云、宮室火事、

爾雅

爾雅云、流大而疾、日奔星降下之地、必見流血精骨也、

霊帝《(劉宏)》中平二年有流星、兵馬昼鳴、

応仁元年六月十八日　従二位賀茂朝臣在貞《(勘解由小路)》

在貞勘解由小路在盛連署勘文

今月十七日寅時、太白・歳星相合、相去一尺三寸許、

惑星合アリ
天文要録

天文要録云、太白西兌之位、金精象兵喪也、

歳星東震之位、木精象武兵也、

荊州占

荊州占曰、金・木倶出東方、王者亡地、

海中占

海中占曰、金与木闘有滅諸侯、人民離郷、

黄帝占

黄帝占曰《(×云)》、金木合有破軍飢、

又云、金・木会会相去五尺、戦三尺、張二尺、抜国光芒、相及天下大乱、

巫咸曰、歳星守会、下勝上之象也、民臣隆盛、侵其上、君弱臣強、

又云、木・金合、為飢内兵、大将軍慎、

又云、有白衣之会、

天地瑞祥志

天地瑞祥志曰、金・木同宿、兵甲起、有大災、

応仁元年六月廿日

正三位賀茂朝臣在盛（勘解由小路）

従二位賀茂朝臣在貞

延暦寺争乱ニ就キ事書ヲ出ス

去比自山門捧事書云々、今度乱之事也、非殊事間不記之、

五日、戊辰 晴、入夜雨下、 哲書記来、

宇治ニ下向

六日、己巳 晴、朝間陰、 是日令下向宇治、報恩院也、有玄僧正出逢、京都之儀依物忩也、

後花園上皇足利義政ニ勅使ヲ遣ハス世上無為ノ策ヲ講ズベキヲ命ズ

伝聞、自仙洞（後花園上皇）被立勅使於武家（足利義政）云々、伏見殿（貞常親王）・一条関白（兼良）等勅使云々、是世上之儀可被致無為之了簡之由、被仰之云々、於于今者細川（勝元）以下不可承引歟、

平等院等ヲ巡見

七日、庚午 晴、残暑以外之事也、 令巡見平等院以下、

内裏乞巧奠無シ

禁裏（後土御門天皇）無乞巧奠云々、又北野御手水無之云々、梶葉歌略之了、依。天下穢也、可勘先例、

京中火アリ

是日京中両度有焼亡云々、」

(24張)八日、辛未 晴、 哲書記来、京都之儀同篇云々、

九日、壬申 晴、小雷鳴、

十日、癸酉 朝晴、夕陰、晩景雷鳴、雨一滴、

狭小ニ依リ宿所ヲ移ル

自今日令。移住向坊、栈敷之坊云々、此坊余依狭少也、

宇治祇候ノ人々

(補書)「此間祇候宇治之人数、
宰相中将(河鰭公益)　種光朝臣(武者小路)　治光(竹屋)　嗣賢(藤井)　行治(町)　親康(丹波)　以宣(斎藤)　伊益(進藤)去比又上洛、　行信　能円」

十一日、甲戌　晴、及晩雷雨、

斯波義廉邸辺ニ合戦アリ

十二日、乙亥　晴、小雷雨、　昨日武衛辺有合戦云々、

近衛房嗣ノ許ヲ訪フ

参殿御方(近衛房嗣、政家父)、森坊也、

十三日、丙子　晴、入夜雨降、　智恩院(隆増)来、宇治大路参殿御方云々、

十四日、丁丑　晴陰、甚雨、雷鳴高声、　入夜参殿御宿坊、見灯炉、

平等院阿弥陀堂ノ裏ヲ観ル

十五日、戊寅　晴陰、自酉刻許雨下、　令一見平等院之阿弥陀堂裏、参殿御方、威勝院来、

月蝕正現セズ

十六日、己卯　°雨降、及晩止、　武衛辺昨日有合戦云々、
°月蝕也、不正現歟、

十七日、庚辰　陰晴、申刻許雨一滴灑、

京中ニテ大合戦アリ

十八日、辛巳　晴陰不定、小雷雨、　昨日京都有大合戦云々、

金色院等ヲ巡見

令巡見白河別所(金色院)、次見平等院釣殿、次参殿御方、

宇治橋上ノ月ヲ観ル

入夜見宇治橋上月、尤有其興、

十九日、壬午　晴陰、小雷鳴、

平等院釣殿ニテ連歌会アリ

及晩於釣殿令張行一折、連歌、森坊之児両人来、藤寿・亀寿(飯尾貞元男)、入夜見橋上月、興味甚深、

大内政弘上洛ノ風聞アリ山名持豊ノ需メニ依ル

廿日、癸未 晴陰、雷雨、筑紫大内(政弘)近日可上洛之由有風聞、山名入道(持豊、法名宗全)依相憑也、弥天下大乱不可休歟、

廿一日、甲申 晴、

蹴鞠連歌会

廿二日、乙酉 晴、向釣殿、帰坊之後、長玄僧都律師令張行一盞、森坊児両人来、長玄僧都令所望間、有蹴鞠興、無程事終了、入夜令張行連歌、一折、亥刻許京方有火事、

京都辺ニ火アリ

廿三日、丙戌 晴、京方有火事、

(25張)

義廉邸辺ニ合戦アリ山名教之邸火ク

廿四日、丁亥 晴、昨日武衛辺有大合戦云〻、昨日之焼亡相模守(山名教之)宿所云〻、自細川推寄令放火云〻、

京都辺大焼亡

廿五日、戊子 晴、及晩雷鳴、小雨灑、晩景京辺有大焼亡、

法華堂ヲ巡見

廿六日、己丑 晴、申刻許雷雨、参殿御方、次令巡見法華堂、殊勝異他在所、不能左右〻〻〻〻、

義廉邸辺ニ合戦アリ

昨今武衛辺有大合戦云〻、両三日有夜責云〻、

京都辺大焼亡

廿七日、庚寅 晴陰、晩景雷鳴、(自早旦数刻)京方有大焼亡、
向釣殿令遊覧、

廿八日、辛卯 或晴或陰、

廿九日、壬辰 晴陰不定、参殿御方、次向釣殿、

房嗣ト共ニ諸所ヲ巡見

卅日、癸巳　晴陰、　殿此坊ニ有渡御、次被御覧処〻、余候御共、一両日京都無合戦云〻、

八月大

政家弟宇治ニ来ル
楊弓

一日、甲午　天晴、余舎弟小童(ノチノ政弁)自石蔵今夕下着、殿(近衛房嗣、政家父)御方也、参殿御方、次向釣殿、於此坊有楊弓興、

公武共ニ八朔贈遺ヲ止ム

二日、乙未　晴、　時顕(西洞院)朝臣・俊宣(北小路)等暫時下着、伝聞、公武御憑之儀停止云〻、京都之式無合戦、冥〻之体云〻、

近衛房嗣ト共ニ藤原頼通像ヲ拝ス
楊弓

早旦殿并余参宇治殿(藤原頼通、承保二年二月二日没)之御影御前、有念誦事、雖為触穢中不可苦之由、威勝院申指南間如此、及晩森坊児両人(藤寿・亀寿)来、有楊弓興、令張行一盞、子刻許各退出、▨▨也、

楊弓
和歌会

三日、丙申　晴陰、　報恩院僧正(有玄)来、令持参一桶、児両人・知見坊・威勝院等来、又殿有渡御、晩景有楊弓興、次殿▨令帰給、僧正亦退出、児両人暫時逗留、入夜有一続興、十五首、披講之後各分散、

弟政家ノ宿所ニ移ル

四日、丁酉　陰、時〻小雨灑、　若公(ノチノ政弁)自今日被移住此坊、

早旦時顕朝臣・俊宣上洛、種光(武者小路)朝臣又上洛、明後日可罷下云〻、

五日、戊戌　晴陰、　種光朝臣下着、

(26張)

六日、己亥　陰、自酉刻小雨灑、

楊弓
蹴鞠

藤寿・亀寿（飯尾貞元男）等来、於釣殿有楊弓興、次令張行一足、次参殿御方、則退出、

楊弓

七日、庚子 晴陰、　藤寿・亀寿等来、有楊弓興、入夜有大飲、及深更各分散、

八日、辛丑 晴、

六角高頼山名持豊方ニ合流

九日、壬寅 晴、　伝聞、去夜六角（高頼）宿所令自焼云々、山名（持豊）一揆也、

金色院ヲ巡見
蹴鞠

申刻許（相伴藤寿・亀寿等）向白河別所（金色院）、令一見処々、於或坊有蹴鞠興、及日没帰宅、入夜有勧盃事、及暁更人々退出、

京都辺ニ火アリ

十日、癸卯 自早旦小雨下、申刻以後止、　京方有火事云々、

蹴鞠

児両人来、於善法堂前令張行一足、□元来此所有鞠懸、

女中衆岩倉ヨリ宇治ニ来ル

十一日、甲辰 自早旦雨降、未刻以後止、　今日女中自石蔵下着此所、入夜参殿御方、

十二日、乙巳 晴陰不定、　参殿御方、

蹴鞠

十三日、丙午 早旦雨灑、入夜又下、　晩景於善法堂前懸有鞠興、

京都辺ニ火アリ

京方有火事云々、

十四日、丁未 降雨、自晡止、入夜月明、　参殿御方、

京都辺ニ火アリ

十五日、戊申 晴陰、入夜明月殊勝々々、　及暁更京方有火事、

連歌会

於此坊自晩景有連歌興、殿有渡御、児両人・報恩院僧正以下祗候此席席、五十韻以後殿御帰宅、

次僧正退出、連歌事了、児両人猶逗留、終夜不寝、翌日辰刻退出、

楊弓

十六日、己酉 晴、 藤寿・亀寿来、有楊弓、入夜見橋上月、

斯波義廉勢近衛邸並ニ鷹司邸等ヲ火ク

未刻許京方有火事、後聞、家門幷鷹司家門・大館(政重)宿所等焼失云々、自武衛(斯波義廉)方乱入焼払云々、時刻到来、言語道断次第也、鷹司(房平)家門此間彼在所ニ居住云々、今日之体臨期見苦云々、不可説々々、天下安危、於于今者難休歟、侍共及晩罷下、今日之式無是非云々、

京都辺ニ火アリ
前日上京ニテ合戦アリ

十七日、庚戌 晴、 京方有火事云々、昨日上京有合戦云々、

蹴鞠楊弓

(27張)

十八日、辛亥 晴、 於善法堂前有蹴鞠興、先之令張行楊弓、

蹴鞠

十九日、壬子 晴陰、晩景風吹、 於善法堂前有鞠興、

政瑜ヨリ近衛邸焼失ヲ訪ハル

日浄院・岩坊・南坊・治部卿以上候人也、聖護院(道興、政家兄)等参殿御方云々、

自如意寺(政瑜)賜状、進愚報了、家門炎上事被相訪了、

花山院邸西園寺邸等火ク

廿日、癸丑 夜来降雨、巳刻許止、申刻又灑、

京方有大焼亡、花山院(政長)・西園寺(実遠)以下数ケ所焼失云々、

京都辺ニ火アリ
蹴鞠

廿一日、甲寅 朝間雨洒、 京方有火事、於善法堂前有鞠興、

今日殿令参平等院給云々、

蹴鞠楊弓

廿二日、乙卯 陰、午刻小雨灑、 晩景児両人来、有鞠・楊弓等興、

山名勢下京各所ニ放火

京方有火事、山名方下京ニ打散令放火処ゝ云ゝ、細川(勝元)可及難儀歟之由有沙汰、

廿三日、丙辰 陰、時ゝ雨灑、

大内政弘上洛

池田充正内通ニ依ル

廿四日、丁巳 晴陰、 是日筑紫大内(政弘)猛勢上洛云ゝ、此間赤松(政則)幷「(補書、今符号ノ意ニ依リ、此ニ収ム)和泉守護・池田(充正)等於摂州辺雖相支、池田依令内通、大内上洛云ゝ、」

彼岸中連日平等院ニ参ル

自去十八日至今日彼岸七日、参平等院、本堂・阿弥陀堂幷宇治殿御影御前等也、今日又参法華堂、

晩景殿御方之女中此坊ニ被来、則被帰了、

殿令参平等院給云ゝ、

廿五日、戊午 朝晴夕陰、子刻許雨下、京方有火事云ゝ、入夜又有火事、

鷹司房平奈良下向ノ途上ニ立寄ル

一条教房モ奈良ニ下向

一条兼良並ニ同政房ハ猶在京

鷹司前関白(房平)有光臨、殿有御出座、余同之、暫時被談世上事、今日下向南都云ゝ、有一盞事、次令帰給、亜相(鷹司政平)ハ大学(覚)寺ニ居住云ゝ、一条家門(教房)又。今日下向南都云ゝ、。当関白(一条兼良)。幷亜相(一条政房)ハ猶京都ニ逗留云ゝ(〆也)、前関(教房)白幷亜相計(〆了)下向云ゝ、

後土御門天皇並ニ後花園上皇室町殿ニ臨幸

伝聞、 主上(後土御門天皇)・上皇(後花園上皇)昨日已室町弟(第)ヘ有臨幸云ゝ、天下滅亡、不能左右ゝゝ、。

足利義視伊勢ニ出奔

今出川殿(足利義視)下向伊勢国司(北畠教具)館云ゝ、不知其子細、太以不審事也、

。抑年中両度臨幸之儀、言語道断、無是非次第也、。凡悲歎之外無他、

義政治罰御教書ヲ下シ近習ヲ粛清ス

(×城)
被成下治罰之御教書云々、武家近習輩或城方へ引籠、或被誅戮云々、依有内通之儀也不知委細事

大雨

廿六日、己未　夜来甚雨下、

宇治川ノ洪水ヲ見ル

廿七日、庚申　夜来大雨、巳刻許止、終日猶小雨灑、風吹、向殿釣殿、見宇治川之水、洪水也、次見新別所、

房嗣等ト共ニ金色院ヲ巡見

尋デ放生院並ニ宇治離宮社ニ参ル

倶利加羅両頭愛染明王

廿八日、辛酉　未刻許小雨灑、

(28張)

殿幷余・(ノチノ政弁)小弟、児両人・報恩院僧正以下向白河別所、令巡見処々庭、倶利伽羅・愛染等被御覧之、両頭愛染也、名筆、古来重宝云々、帰路於山路有一盞事、雨灑之間、指笠了、不可説之体、却有其興、次有御歴覧橋寺(放生院)、次有御参詣離宮(宇治離宮社)、帰路於釣殿有盃酌事、及日没帰宅、(×入)

廿九日、壬戌　晴、

蹴鞠

卅日、癸亥　晴陰、未刻許雨一滴下、　有鞠興、

京極持清邸自焼

京方有火事、京極(持清)宿所自焼云々、

九月小

実相院並ニ三宝院等火ク
近衛房嗣ト共ニ平等院内ヲ遊覧
京都辺ニ火アリ
先ニ正親町三条実雅没
房嗣ト共ニ山ニ遊ブ
楊弓
蹴鞠
京都辺ニ火アリ
哲書記筑紫ニ下向セントス
先ニ妙道没
家領五ヶ庄辺ヲ遊覧
斯波義廉宇治大路氏ヲ攻メン事ヲ報ズ

一日、甲子 晴、 参殿御方(近衛房嗣、政家父)、次参平等院方、

京方有火事、実相院・三宝院等焼失云〻、時刻到来、言語道断次第也、細川方(勝元)迷惑之体云〻、

二日、乙丑 晴、 殿平等院之処〻有御遊覧、余候御共、

京方有火事、去比三条、内府入道(正親町三条実雅、法名常禧)薨去云〻、

三日、丙寅 晴、 殿同余有山遊興、帰宅之後有楊弓、

四日、丁卯 天晴、 於善法堂前有鞠興、児両人(藤寿・亀寿)来、京方有火事、小幡〔木〕新光〔真〕院来、令対面、

五日、戊辰 陰、時〻小雨灑、 児両人来、哲書記来、近日可罷下筑紫云〻、三ヶ年之間知音異他子細也、別涙更不収、

六日、己巳 雨時〻降、 哲書記今日帰宅、遣一首之和歌、書記又留置一首之詩、有其興、

七日、庚午 申刻許雨灑、 (補書)「去月辺妙道入道五ヶ庄辺也、死去云〻、家門譜代侍也、」

八日、辛未 天晴、 是日向或山令遊覧、拾椎了、尤有其興、

晩景参殿御方、

自管領(斯波義廉)申送之子細有之、書状於付祇候者、宇治大路有緩怠之子細間、可発向之趣也、委細難尽筆端、

九日、壬申 晴、　参殿御方、
十日、癸酉 晴、　去(九日)比山名伊与(教豊)死去云々、此間歓楽云々、
十一日、甲戌 朝晴夕陰、入夜降雨、
十二日、乙亥 雨降、及黄昏止、
十三日、丙子 天晴、　是日殿令参平等院本堂給、次令参京極殿(藤原師実)御影御前給、今日御忌日也、(康和三年二月十三日没)余候
御共、

(29張)

京方有火事、入夜又京方有火事、今日自山名方(持豊)可有還寄云々、治罰事未有勅許(後花園上皇)云々、
十四日、丁丑 晴陰、風吹、入夜雨降、　児両人来、
早旦有京方火事、西方又有火事、西岡〔辺〕云々、赤松二郎(政則)勢上洛云々、一条家門幷日野内府(勝光)宿所等炎
上云々、官軍及難儀云々、珍事也、入夜参殿御方、則帰宅、
十五日、戊寅 雨降、及晩止、　入夜参平等院、月殊勝々々、
十六日、己卯 晴陰、午刻許小雨灑、　晩景参平等院、次参殿御方、自法(宝)池院(政深、政家兄)有音信、京都之儀可
属無為歟之由、有沙汰云々、太不足信用、不審事也、京方有火事、
十七日、庚辰 天快晴、　是日殿令向下居別所給、実門知行在所也、(増運、政家兄)余・報恩院僧正(有玄)・児両人・蓮華院・称名
院・善法房等候御共、令取松茸給、尤有其興、御帰宅之後有盃酌事、次於善法堂懸有鞠興、殿幷

山名教豊没
房嗣ト共ニ藤原師実像ヲ拝ス
月忌ニ依ル
京都辺ニ火アリ
山名治罰ノ勅許未ダ下ラズ
京都並ニ西岡辺ニ火アリ
赤松政則上洛
政深京都無為ニ属スカノ旨ヲ報ズ
信ニ足ラズ
京都辺ニ火アリ
房嗣ト共ニ下居別所ニ遊ブ
蹴鞠

蹴鞠
京都並ニ東山辺ニ火アリ
蹴鞠並ニ楊弓
前日一条邸並ニ日野邸火ク
地震
山ニ遊ブ
東山辺ニ火アリ
政則東岩倉ニ陣取ル
地震
十九日後花園上皇出家
戒師増運
烏丸資任並ニ万里小路冬房出家

僧正令見物給、入夜児両人・蓮華院・称名院等来、終夜見月、世上之儀無為之子細無其儀云〻、
(上欄補書)「一条家門・内府亭等無焼失之儀云〻、」
十八日、辛巳 陰、 於善法堂懸有蹴鞠興、児両人来、
京方有火事、又東山方有火事、
十九日、壬午 晴、 藤寿・亀寿(飯尾貞元男)来、有鞠・楊弓等興、
昨日焼亡、一条家門并日野内府亭云〻、
廿日、癸未 陰、 午刻許地震、
廿一日、甲申 晴、 有山遊興、東山辺有火事、
伝聞、赤松勢東石蔵辺ニ取陣云〻、去十七〔八〕日自山名方推寄云〻、寄手以外損事云〻、
廿二日、乙酉 晴、 戌刻終地震、参殿御方、 」
(30張)
伝聞、去十七日 仙洞(後花園上皇、法名円満智)御出家云〻、近臣四人又出家云〻、今度之就大変御述懐云〻、風聞之説如此、近日巷説満耳間、不知実説、如何、甚驚入存者也、
廿三日、丙戌 降、(陰カ) 自申刻小雨下、 児両人来、
後聞、仙洞御出家十九日、御戒師実相院増運僧正云〻、院□〔近臣〕両人烏丸儀同資任・万里少路前大納言冬房、出家云〻、
委細事追而可尋記、

東山辺ニ火アリ
六角高頼上洛

当東山辺有火事、昨夕六角四郎(高頼)上洛、東山ニ取陣云々、

廿四日、丁亥　陰、　藤寿・亀寿来、東山方有火事云々、
(上欄補書)
「種光朝臣罷向醍醐了、」
(武者小路)

蹴鞠
山ニ遊ブ
京都辺ニ火アリ

廿五日、戊子　陰、及黄昏雨下、　有鞠興、早旦参殿御方、次登山令遊覧、入夜京方有火事、

廿六日、己丑　早旦雨止、晴陰、風吹、

南禅寺火ク

東山辺両三度有火事、南禅寺云々、

東山辺ニ火アリ

廿七日、庚寅　晴陰、　東山方有火事、

宇治伊勢並ニ許波多社ニ参ル
椎並ニ松茸ヲ採ル

廿八日、辛卯　晴陰、風吹、　東山方有火事、種光朝臣帰参、
是日殿并余密々参宇治伊勢、次参楊天神(許波多社)、林中拾椎了、又取松茸、尤有其興、以宣(斎藤)・以高(斎藤)令申沙汰一献、及黄昏御帰宅、

河鰭公益翌日摂津ニ下向

廿九日、壬辰　晴、　宰相中将公益(河鰭)卿明日可罷下摂州云々、然間余送一首之詩、則有和韻、

十月大

新別所並ニ金色院ニ遊ブ
蹴鞠

一日、癸巳　晴陰、　参殿御方(近衛房嗣、政家父)、次相伴児両人(藤寿・亀寿)向新別所・白川別所(金色院)等、未盛也、次於善法堂懸有鞠興、

東山辺ニ火アリ
近衛房嗣ト共ニ平等院ニ参ル
藤原頼通月忌

二日、甲午　晴陰、　東山方有火事、
参平等院、殿同令参給、是日宇治殿御忌日也、(藤原頼通、承保元年二月二日没)

相国寺火ク
大合戦アリ

房嗣ト共ニ平等院ヲ巡見

京都辺大焼亡
相国寺塔頭並ニ資益王邸等ヲ火ク
大合戦アリ

持弁政家弟ノ入室ヲ請フ

房嗣領状アリ

翌日治罰院宣下ルトノ風聞アリ

道興ヨリ書状アリ

政深四度加行ヲ遂グ

金色院ニ遊ブ

三日、乙未 晴、 参平等院令遊覧、次参殿御方、

自辰刻至申刻
京方有火事、相国寺云々、今日有大合戦云々、東山方亦有火事、

(31張)
四日、丙申 晴、 殿有御巡見平等院方、余候御共、於或林下有一盞〔事〕、次令入御余宿坊ヘ有光臨、及昏天令帰給、

京方有大焼亡、昨今相国寺塔頭焼失、其外伯卿(資益王)宿所以下炎上云々、有大合戦云々、

五日、丁酉 天晴、 参殿御方、自三宝院(義賢)有音信、醍醐也、浄土寺門主(持弁)近日不例以外之間、附弟事、家門若(ノ)公(チノ政弁、政家弟)当年中入室候者、可目出之由、自彼門跡被示送云々、有書状、此事自去比内々雖有契約子細、依無庶幾、于今不及沙汰、雖然今自三宝院被伝申之間、先有御領状、

(上欄補書)
「明日被成治罰云々、」

六日、戊戌 陰、申刻許小雨灑、 自那智(道興、政家兄)有書状、

七日、己亥 晴、 参殿御方、宝池院(政深、政家兄)四度〔加行〕至昨日結願云々、尤〔令〕祝着者也、

八日、庚子 時雨灑、

九日、辛丑 晴、 向白河別所、於山頂有一盞(×大)事、尤興味深、

十日、壬寅 陰、入夜時雨下、 児両人(藤寿・亀寿)来、

十一日、癸卯 晴陰不定、小風吹、

房嗣ト共ニ三室戸ニ遊ブ

是日殿幷余・児両人以下、向三室戸令一見処〻、美景尤異他在所也、紅葉又有其興、行治(町)令申沙汰一献、及黄昏令帰給、余以外沈酔無正体、前後令忘却、

十二日、甲辰 晴陰、

房嗣ト共ニ藤原師実像ヲ拝ス

十三日、乙巳 晴、 向白河別所、次参殿御方、晩景殿幷余参京極殿(藤原師実)御影御前、今日御忌日也、(康和三年二月十三日没)

月忌ニ依ル
亀寿父飯尾貞元没

入夜藤寿来、亀寿(飯尾貞元男)依有周章事出京云〻、老父今日死去云〻、飯尾美濃入道、(貞元、法名常恩)

戊刻▨▨▨▨童異他事也追五旬之間可留面謁之条悲歎尤可▨▨者也

十四日、丙午 晴、 入夜参法華堂、藤寿来会、令張行一盞、月殊皓〻、更無一片雲、及深更帰、

明月ヲ観ル

十五日、丁未 晴、 入夜参阿弥陀堂、月明殊勝〻〻、

九日持弁没

去九日浄土寺門主入滅云〻、」

(32張)

十六日、戊申 陰、入夜時雨下、風吹、

十七日、己酉 晴陰、

十八日、庚戌 晴陰不定、未刻許時雨下、

連歌会

申刻許殿有光臨、於此坊為供僧中令申沙汰一献、次有連歌一折、入夜有還御、

室町殿ノ寝殿ニ白旗降リ下ルトノ説

信ニ足ラズ

或云、今月二日室町殿(足利義政)之寝殿之上ヘ白旗〻(旗)一流降下云〻、言語道断、希代吉事云〻、細川方(勝元)諸陣令祝着云〻、近日巷説満耳之間、不足信用、

平等院ノ紅葉ヲ観ル

嵯峨ニ火アリ

細川持久並ニ細川常有等上洛

後土御門天皇並ニ後花園法皇延暦寺ニ臨幸セントスルモ衆徒等一味セズ

十五日全生没

勅使ヲ畠山義就等ニ遣ハサバ近日無為ナラントノ説太ダ不審

房嗣妙道遺跡ノ相続ヲ認メズ

十九日、辛亥 晴陰、　藤寿来、向平等院見紅葉、入夜参法華堂、藤寿来会、勧一盞、及深更帰、

早旦智恩院僧正(隆増)来、令対面、昨日之礼来也、

廿日、壬子 晴、早旦参殿御方、乾方有火事、嵯峨云々、和泉両守護(細川持久・細川常有)・播磨奥郡勢等上洛云々、入夜報恩院師弟(有玄)来、余相逢、聊依有申遣子細来也、

廿一日、癸丑 陰、入夜雨降、

京都去四日以後無合戦云々、主上(後土御門天皇)・仙洞(後花園法皇)(×上)山門へ可有臨幸之由有沙汰、然而衆徒等不一味間、不可有其儀云々、

去十五日全生入道死去云々、年来詩聯句友也、於家門者大切者也、不便々々、

廿二日、甲寅 晴陰不定、

廿三日、乙卯 或晴或陰、　藤寿来、

伝聞、此間以勅使畠山(義就)・武衛(義廉)等陣へ被仰遣有子細間、近日一途可有落居歟之由、有世風云々、太不審也、

廿四日、丙辰 陰、及黄昏時雨下、

(補書)(九月七日条参照)「妙道遺跡之事、可被絶之由有御沙汰、此者平生深違時宜了、彼者無自子之間、四五年前為猶子懸御目了、雖然於于今者不可被残置云々、譜代之者一流断絶、不可然之由雖令申、無御承引間、不及了簡次第也、」

廿五日、丁巳　晴陰、　相伴藤寿参平等院、

宇治川ヲ遡リ不動岩ヲ観ル

廿六日、戊午　晴陰不定、晡小雨灑、

是日相伴藤寿見不動石、〇宇治川川上三里奥也、山路遥攀上嶮難了、尤水石奇妙勝地也、帰路於山頂

(33張)

或」令申沙汰一献、

廿七日、己未　晴陰、風吹、　藤寿来、

廿八日、庚申　晴陰、早旦小雪散、時雨又一滴灑、風烈、

和歌会

入夜有一続興、

廿九日、辛酉　天快晴、

諸門跡ノ門主相次ギ没ス

卅日、壬戌　晴、　伝聞、此間梶井准后(義承)・若王寺僧正等入滅云〻、去比又山岡崎僧正(桓澄)死去云〻、相続入滅、太希代事也、

十一月大

城正平家ヲ語ル

一日、癸亥　陰、時〻雨下、　藤寿来、数刻雑談、入夜又相伴座頭城正〔勾〕当云〻、来、語平家、・申刻許余参殿(近衛房嗣、政家父)御方、

二日、甲子　時〻雨灑、如昨日、

独吟和漢百韻ヲ終フ

自去廿日比独吟和漢、今日終百韻功了

山ニ遊ブ

三日、乙丑 朝間陰、午刻以後属晴、 罷向山令遊覧、

近衛房嗣ト共ニ平等院釣殿ニ遊ブ

四日、丙寅 晴、 殿釣殿辺ヘ有御出、余候御共、

五日、丁卯 晴陰、

藤寿ヨリ或僧夢想ノ詩ヲ示サル

六日、戊辰 陰、風吹、 藤寿来、或僧夢想之詩令見之、

七日、己巳 雨下、及晩風吹、

地震

八日、庚午 晴陰、時々雨灑、風吹、 巳刻許地震、

九日、辛未 晴陰、風吹、

十日、壬申 晴、風吹、

山ニ遊ブ

十一日、癸酉 天霽、 参殿御方、帰路向山方令遊覧、

政深ト共ニ金色院ニ遊ブ

十二日、甲戌 晴陰、風吹、 午刻許宝池院（政深、政家兄）令来給、面謁遥相隔、今日向顔、頗散意霧者也、明後日可有帰宅也、晩景相伴宝池院令一見白河別所（金色院）、入夜令同道余宿坊（×所）、

房嗣等ト共ニ蔵勝庵並ニ下居別所ニ遊ブ

(34張)

十三日、乙亥 陰、時々微雪飛散、風吹、 宝池院幷余参殿御方、次殿・余・宝池院、藤寿以下相伴之、蔵勝・下居別所以下令一見之、次於殿御方有盃酌事（×報）、有玄僧正以下亦祗候、次相伴宝池院、帰

政深千日護摩ヲ始メントス

余宿坊、宝池院自来廿九日被始千日之護摩云々、是太大儀事也、

文紀曇郁来ル

今日郁（文紀曇郁）西堂来、

十四日、丙子　晴陰、　宝池院今日猶逗留、明後日可有帰宅也、自醍醐可有逗留之由、今朝被申送了、（曇郁）西堂亦令逗留、今日又相伴皆々、処々令遊覧、参殿御方、及晩各帰余宿坊了、

亀寿ト対面ス

入夜逢亀寿（飯尾貞元男）、一昨日下向云々、雖服中（十月十三日貞元没）、天下触穢之間、於或所令対面、

西岡辺火ク

（上欄補書）「西岡辺焼了、」

十五日、丁丑　陰、亥刻許小雨下、

和漢聯句

藤寿来、有和漢興、一折、及晩余幷宝池院参殿御方、入夜殿・余・宝池院参平等院、次有光臨余宿

座頭来リ平家ヲ語ル

坊、藤寿相伴座頭来、語平家、以後殿令帰給、

十種香

十六日、戊寅　降雨、　宝池院幷余参殿御方、晩景帰宅、宝池院依雨今日猶逗留也、入夜有十種香興、藤寿来、

政深並ニ曇郁帰ル

十七日、己卯　時々雨下、風吹、申刻許止、　早旦参殿御方、酉刻許宝池院令帰給、郁西堂又帰、此間連日之遊興、尤難忘者乎、

西岡辺ニ火アリ

十八日、庚辰　晴陰、小雪散、　西岡辺有火事云々、

十九日、辛巳　晴陰、小雪散、

廿日、壬午　陰、早旦雨下、未刻許止、　晩景参殿御方、

京都合戦アリ

廿一日、癸未 晴、　自一昨日京都有合戦云々、雖然無殊事云々、

廿二日、甲申 晴陰、小雪飛、　定基朝臣（千本）・富成（就）朝臣（和気）等来、

山ニ遊ブ

廿三日、乙酉 晴、　参殿御方、帰路相伴藤寿、令遊覧山方、

廿四日、丙戌 晴陰、夜来雪積、不満寸、風吹、

平等院大師講

（35張）参平等院、此日大師講也、次参殿御方、

廿五日、丁亥 晴陰、

山ニ遊ブ

廿六日、戊子 晴、　向山方令遊覧、

房嗣日野勝光ニ書状ヲ遣ハス

赤松政則ノ家領信楽郷代官職ヲ違乱スルヲ足利義政ニ訴フ

義政息髪置並ニ着袴

廿七日、己丑 晴、　参殿御方、　殿被遣御書日野内府（勝光）許、家領江州（近江甲賀郡）信楽郷代官職事、自赤松方（政則）依有。令違乱依有子細、被歎申武家（足利義政）所也、又世上擾乱之儀歎存之由、可申公武由、被仰了、。明日武家若公（ノチノ足利義尚）髪置。并着袴云々、為礼自今日被遣太刀、

廿八日、庚寅 自巳刻雨降、風吹、子刻許止、

和歌会

是日始和歌会、一昨日遣題於処々了、題云、松契遐年、当座十五首、披講了各分散、会人数、

藤寿丸　　亀寿丸今日不来、進懐紙、　　治部卿、種光朝臣（武者小路）　　左少将、嗣賢（藤井）　　右馬頭、行治（町）　　出雲守、親康（丹波）　　権大僧都、聖玄　　権少僧都、隆玄

権律師、長玄、

藤寿ヨリ借用スル管蠡抄ヲ写ス

廿九日、辛卯 陰、酉刻小雨灑、　藤寿借賜双紙、管蠡抄、為長卿（菅原）出抄云々、今日より書写、

卅日、壬辰 朝間陰、午刻以後属霽、

十二月小

自今日七日参観音堂、聊有立願子細、宇治◦橋辺也、入夜参、

立願ニ依リ観音堂ニ七日間参ル

一日、癸巳　夜来降雨、巳刻終止、　参殿御方、（近衛房嗣、政家父）晩景藤寿来、◦藤寿令見偶作之詩、余可令和韻也、◦

二日、甲午　陰、風吹、申刻許霰飛散、　及晩藤寿・亀寿（飯尾貞元男）来、入夜参観音堂、

天変アリ

藤寿相語云、去夜卯刻許有天変云々、大流星歟云々、自西方飛東、其以後有動揺之儀云々、余曽不知、如去々年（寛正六年九月十三日）歟、弥天下式危者乎、可恐々々、

或僧夢想ノ詩ニ和韻
近衛房嗣ト共ニ藤原頼通像ヲ拝ス
月忌ニ依ル

（十一月六日条）先日僧夢想之詩、和韻今日書遣了、彼僧又和、其韻尤興味深、

（上欄補書）「早旦殿幷余参御影（御）□前、是日宇治殿（藤原頼通、承保元年二月二日没）御忌日也、」

三日、乙未　晴、風吹、　入夜参観音、

山ニ遊ブ

四日、丙申　晴陰、　参観音如例、

五日、丁酉　陰、　向山方令遊覧、参観音如例、」

十種香並ニ連歌会

（36張）入夜藤寿・亀寿・聖玄僧都・隆玄僧都等来、聞十種香、次有連歌一折、及深更各帰、

（補書、三・四日条下ニアリ、符号ノ意ニ依ラバ、「晴」字上ニ補入スベキモ、今暫ク此ニ収ム）

日野勝光房嗣ノ書札礼ニ就キ意趣アリ

六日、戊戌　晴、「就信楽郷（近江甲賀郡）◦事、去月廿七日自殿御方内府（日野勝光）許へ被遣御書、御上所如日来、謹言、御判也、此事先規なと依無御覚悟、先如此被遣之処、伏見殿（貞常親王）・一条家門（教房）なとよりハ、恐々謹言、名字云

〻、然間内府諸家已如此候之処、自家門(房嗣)相替候間、不能披露之由、相語藤中納言(武者小路資世)云〻、此事不申可家門之由、内府申間、内〻令入魂之由、黄門申之間、今日被改遣了、上所之事、摂家猶以互恐〻謹言、判許歟、然而已諸家如此之間、不及是非也、」（参観音堂、）○入夜隆玄僧都来、則退出、定基(千本)朝臣来、

武者小路資世ヨリ密カニ報ゼラルルニ依リ書キ改ム

七日、己亥（入夜参観音堂、到今日結願也、）○天霽、向山方令遊覧、藤寿・亀寿令同道了、

観音堂参詣結願

山ニ遊ブ

京方両三ケ所有焼亡、有合戦歟、其後一向無其儀、

京都辺ニ火アリ

八日、庚子 晴、入夜小雨灑即晴、○向平等院方令遊覧、円周去暁死去云〻、不便〻〻、

円周没

九日、辛丑 天快晴、藤寿・亀寿・長巡・○聖玄・長玄等来、依令招引也、相伴皆〻向白川(金色院)別所、

金色院ニ赴ク

一昨日之火事、船岡陣屋(大内政弘)被焼落云〻、

先ニ船岡陣屋火ク

十日、壬寅 霽、罷向山方、

山ニ遊ブ

十一日、癸卯 晴、参殿御方、浄土寺候人諸願(勝)院云〻、参殿御方、若公(ノチノ政弁、政家弟)入室之事御治定之間、目出為其礼参云〻、年内入室事旁難事行間、随体春中必可有其沙汰歟云〻、涯分年中事可致奔走云〻、殿有御対面、

政家弟浄土寺入室ニ就キ勝願院礼ニ来ル

十二日、甲辰 自早旦雨降、及昏黒止、入夜月殊明也、

是日月次和歌会也、題云、野冬月、雪似花、待空恋、人数如去月(二十八日)、当座十五首、披講了各分散、

月次和歌会

管蠡抄ノ書写ヲ終フ

管蠡抄上・下、到今日書写了、

十三日、乙巳 晴、 藤寿・〻亀寿等来、先日令見詩之和韻、今日遣之、

風気ヲ病ム

自一昨日聊余風気也、殿令参御影(藤原師実、康和三年二月十三日没)御前給云〻、余風気之間不参也、

増運書状ニ詩一首ヲ添フ

十四日、丙午 晴、 自実相院石蔵、(増運、政家兄)有音信、書状之奥有一首之詩、其趣興味殊深、使四五日以後可罷帰之由申間、不遣返報、可令和韻也、

十五日、丁未 晴、

政深ヨリ扇ヲ贈ラル

十六日、戊申 晴陰不定、 自宝池院(政深、政家兄)有音信、賜扇於余、

京都合戦

此間京都有合戦云〻、於勝負者無殊事云〻、

十七日、己酉 陰、申刻許霰小散、

十八日、庚戌 陰、小雪散、

京都辺ニ火アリ

十九日、辛亥 晴陰、晩景雪飛散、 京方有火事、

藤寿・亀寿来、依指合不対面、」

(37張)

増運ノ詩ニ和韻

廿日、壬子 晴陰、夜来雪散、不満寸、 随身武春(調子)来、

先日実門(増運)之返報、今日進之、同相添詩之和韻、

河鰭公益ヨリ書状並ニ詩ヲ送ラル

廿一日、癸丑 陰、 自公益卿(河鰭)許有音信、書状之奥ニ有三章詩、尤以風流也、彼卿自去十月(一日)比摂州

辺ニ在国也、

公益ノ詩ニ和韻
木幡執行初テ来ル

廿二日、甲寅 陰、午刻以後属霽、
公益卿返報今朝書遣了、令和三首之詩、卒爾之至也、小〔木〕幡執行并新光〔真〕院等来、令対面、執行始
而来也、

十九日建仁寺塔頭火ク

去十九日之火事、建仁寺塔頭云〻、
廿三日、乙卯 晴陰、　参殿御方、

法観寺辺モ火ク

先日之火事、建仁寺塔頭数ヶ所并祇薗塔・大門等焼失云〻、社頭去年焼亡〔十二月十二日〕、今年又如此、神慮
尤難測事也、

座頭平家ヲ語ル

廿四日、丙辰 晴陰、　入夜藤寿・亀寿・聖玄・隆玄・長玄等来、座頭語平家、
廿五日、丁巳 晴陰不定、風吹、　参殿御方、

地動揺スルモ地震ニアラズ

廿六日、戊午 晴陰、　丑刻許両三ヶ度有動揺之儀、非地震、
廿七日、己未 或晴、或陰、小雪散、　参殿御方、

衣比須嶋辺ニ火アリ

廿八日、庚申 晴陰、風吹、微雪飛、　去暁乾方有火事、夷嶋云〻、
廿九日、辛酉 天晴、　参殿御方、

諸人歳暮ノ礼ニ来ル

及黄昏 藤寿・亀寿・報恩院僧正〔有玄〕・智恩院僧正〔隆増〕・隆玄僧都・長巡法印・聖玄僧都・長玄律師等来、令対面、歳

暮礼也、

応仁元年記

」

（応仁元年巻紙背文書）

文正元年具注暦

（15ウ）
○前欠、

『□〔密〕』『□〔箕〕日』廿一日、癸亥、水危〔閏二月〕　絶陰、□〔重〕

『斗月』廿二日、甲子、金成『大将軍遊東　土公遊北』　『八龍』絶陰、帰忌

『太禍』『女火』廿三日、乙丑、金収下弦『忌遠行　天間』　卿蠱　絶陰

『虚〵水』廿四日、丙寅、火開虹始見『天一午』　絶陰、厭対、血忌　日出卯一刻一分　昼五十三刻　日入酉二〔三〕刻　夜四十七刻

『危木』廿五日、丁卯、火閉没『〵』　絶陰

『室金』廿六日、戊辰、木建『下食時丑　不視病　不弔人』　『五墓』単陰、復

『壁〵土』廿七日、己巳、木除『〵』『大将軍返南　不問疾』『神吉』上土用事　大歳位、母倉、重、復乗船吉

『狼藉』『奎〻『土公入　忌夜行　不弔人』
『密』日』廿八日、庚午、土満『伐』『神吉』中　大歳位、母倉　裁衣吉

『滅門』『婁〻『天一未申』
『月』廿九日、辛未、土平　除手足甲　大歳位、月殺　裁衣・乗船吉

壬　天道北行、天徳在壬、月殺在未、用時乙丁辛癸

三月大　建『土府在酉　土公在竈』

辰　月徳在壬、合在丁、月空在丙、三鏡乙丙丁辛壬癸

『胃宿
火曜』一　日、壬申、金定　穀雨三月中　萍始生　公革　孤辰、厭

『昴
水』二〻『金剛峯　三吉』中
日、癸酉、金執『神吉』下　沐浴　大歳位、無翹

『畢
木』三　日、甲戌、火破　大歳対、九坎

『觜
金』四　日、乙亥、火危　沐浴　『八龍』　大歳対、重
日出卯初五分　昼五十四刻
日入酉三刻二分　夜四十六刻

『参
土』五　日、丙子、水成『伐』　沐浴　大歳対、帰忌

『太禍』『井〻
『密』日』六『天一酉　忌遠行』
日、丁丑、木収〔水〕　鳴鳩払其羽　除手足甲　大歳対、往亡　裁衣吉

『鬼月』七　日、戊寅、土開『伐』除足甲『土公遊東　不視病』　辟夬　大歳対、天赦、厭、血忌、復　日遊在内

『柳火』八　日、己卯、土閉上弦『伐』『神吉』上『不問疾』　大歳対、復　日遊在内

『星水』九　日、庚辰、金建『下食時丑　不弔人』　陰位

『張木』十　日、辛巳、金除『伐』『三吉』下　大歳位、母倉、重

『翼金』十一日、壬午、木満『神吉』上　戴勝降桑『天一戌亥　忌夜行　不弔人』　大歳位、母倉、天恩　裁衣・移徙・元服・出行　吉

『滅門』『軫土』十二日、癸未、木平『伐』　大歳位、月殺　裁衣吉　日出卯初二〔三〕分　昼五十五刻　日入酉三刻四分　夜四十五刻

『密』『角日』十三日、甲申、水定『伐』『土公入』　〔辟〕侯旅内　行佷、厭

『亢月』十四日、乙酉、水執沐浴『伐』『神吉』中『三吉』下　大歳対、無翹　裁衣吉

『氐火』十五日、丙戌、土破　大歳対、九坎

『房水』十六日、丁亥、土破立夏四月節　除手足甲　望『伐』螻蟈鳴　『七鳥』　侯旅外〔辟〕　大歳前、重

『心木』十七日、戊子、火危 沐浴　『大将軍遊内　天一子　不視病』　大歳前 嫁娶・元服 出行 吉　日遊在内

『尾金』十八日、己丑、火成 除手甲　『不問疾』　大歳前、帰忌、厭対 堀井吉　日遊在内

『滅門』『箕土』十九日、庚寅、木収 除足甲　『下食時寅』　大夫師　大歳前、母倉 堀井・移徙・出行 吉

日出卯初二分　昼五十六刻
〔大〕□歳位、母倉 移徙・出行・裁衣・元服 吉
〔日入酉〕□□□三刻五分　夜四十四刻

○『密』脱、『斗日』廿日、辛卯、木開『神吉』上

『女月』廿一日、壬辰、水閉『伐』 蚯蚓出　『三吉』下『不弔人』　大歳位、復、月殺

『虚火』廿二日、癸巳、水建　『三吉』下『大将軍返南　天一天上』　大歳位、重 裁衣・元服吉　日遊在内

『危水』廿三日、甲午、金除　『土公遊南　忌夜行　不弔人』　大歳位、天赦、往亡 堀井・乗船吉　日遊在内

『室木』廿四日、乙未、金満　『五墓』　行佷、九坎、厭　日遊在内

『壁金』廿五日、丙申、火平 沐浴『神吉』上　『天間』　卿比　大歳位、無翹、血忌、復　日遊在内

『奎土』廿六日、丁酉、火定『神吉』下 王瓜生 沐浴　『三吉　忌遠行』　大歳位 裁衣・堀井吉　日遊在内

『密』『婁日』廿七日、『不視病』戊戌、木執　大歳位立屋・立倉・立厩・堀井・吉 出行・乗船　日遊在内

『胃月』廿八日、『不問疾』己亥、木破　日出卯初一分　昼五十三〔七〕刻 陰陽衝破、重 日入酉四刻一分　夜四十三刻　日遊在内

『昴火』廿九日、『三吉』中『大将軍遊西　土公入』庚子、土危沐浴『神吉』上　大歳位立屋・立倉・立厩・堀井・吉 出行・乗船　日遊在内

『畢水』卅日、辛丑、土成除手足甲　『五墓』　大歳位、帰忌、厭対裁衣吉　日遊在内

癸　天道西行、天徳在辛、月殺在辰、用時（アキママ）○記載漏レナラン、

四月小　建『土府在寅　土公在門』

巳　月徳在庚、合在乙、月空在甲、三鏡丁癸乾 坤巽艮

『滅門』『畢宿木曜』一日、『下食時寅』壬寅、金収小満四月中 除足甲 苦菜秀 公小蓄〔畜〕　大歳位、母倉、復裁衣・元服・吉 出行　日遊在内

『觜金』二日、『三吉』下 癸卯、金開『神吉』上　大歳位、母倉立屋・立倉・移徙・元服・吉 出行・髪曽木　日遊在内

『参土』三日、『三吉』中『不弔人』甲辰、火閉　大歳位、月殺立屋・立倉・堀井・塗竈・吉 移徙・元服・出行・立厩　日遊在内

『密』『井日』四日、『大将軍遊南』乙巳、火建『滅』　大歳位、重　日遊在内

『狼藉』『鬼ヽ月』五 『羅刹 忌夜行 不弔人』日、丙午、水除 歳博、復 日遊在内

『柳ヽ火』六 日、丁未、水満 靡草枯〔死〕 日出寅四刻 昼五十八刻 陰錯、了戻、九坎、厭 日入戌初一分 夜四十二刻 日遊在内

『星ヽ水』七 『土公遊西 不視病』日、戊申、土平 沐浴『神吉』下 辟乾 大歳対、血忌、無翹 日遊在内

『張ヽ木』八ヽ 『三吉』上『天一丑寅 忌遠行』日、己酉、土定 上弦『神吉』上 大歳対、天恩 塗竈・髪曽木吉 日遊在内

『翼ヽ金』九ヽ 日、庚戌、金執 大歳対、天恩 裁衣吉

『軫ヽ土』十ヽ 『三吉』上『歳下食』日、辛亥、金破 沐浴『神吉』下 大歳対、天恩、重 裁衣吉

『密』『角ヽ日』十一日、『大将軍遊北』ヽ壬子、木危 沐浴 小暑至『神吉』下 大歳位、復 裁衣吉

『亢ヽ月』十二日、癸丑、木成『伐』除手甲 大歳位、帰忌、厭対 裁衣吉

『滅門』『氐ヽ火』十三日、『土公入 下食時寅』ヽ甲寅、水収 除足甲 侯大有内 大歳位、母倉 裁衣・嫁娶・塗竈・元服・髪曽木 吉

『房ヽ水』十四日、『天一卯』ヽ乙卯、水開『神吉』下 大歳位、母倉 裁衣・嫁娶・塗竈・元服・髪曽木 吉

『心木』〳〵『不弔人』十五日、丙辰、土閉　　大歳位、復、月殺　元服・出行吉

『大将軍返南　忌遠行　忌夜行』

『尾金』〳〵十六日、丁巳、土閉　芒種五月節　望　除手足甲　蟷螂生　侯大有外　　日出寅三刻五分　昼五十九刻　大歳対、重、復　日入戌初二分　夜四十一刻

『下食時卯　不視病　不弔人』

『箕土』十七日、戊午、火建　　陰陽倶錯、厭

『不問疾』

『密日』『斗』十八日、己未、火除　　大歳対、無翹　乗船吉

『女月』十九日、庚申、木満　沐浴『神吉』上　大夫家人　　大歳対

『滅門』『虚火』〳〵廿　日、辛酉、木平　沐浴『神吉』下　　大歳対　裁衣吉

(12ウ)

『危水』廿一日、壬戌、水定　鵙始鳴　　大歳対

『室木』〳〵廿二日、癸亥、水執　下弦　沐浴　　大歳後、重、復

『大将軍遊東　土公遊北』

『狼藉』『壁金』〳〵廿三日、甲子、金破　沐浴　　大歳後、厭対　裁衣・乗船吉

『奎土』〳〵廿四日、乙丑、金危　除手甲　　大歳後、天恩、月殺　裁衣吉

『密』『婁』〽『三吉』下『天一午』
日』廿五日、丙寅、火成除足甲　卿井　大歳後、母倉、帰忌 裁衣吉

『太禍』『胃　『天間』
月』廿六日、丁卯、火収反舌無〔声脱〕　大歳後、母倉、復、九坎、血忌

『昴　『不視病　不弔人』
火』廿七日、戊辰、木開　『五墓』　大歳後、天恩 乗船吉

『畢　〽『大将軍返南　不問疾』
水』廿八日、己巳、木閉『神吉』上　日出寅三刻四分半、昼六十刻
日入戌初二分　夜四十刻
大歳後、重 乗船吉　日遊在内

『觜　『三吉』下『土公入　下食時卯　不弔人』
木』廿九日、庚午、土建『伐』除手足甲　大歳後、厭　日遊在内

五月大　建『土府在午　土公在門』

甲　天道西北行、天徳在乾、月殺在丑、用時艮巽坤乾

午　月徳在丙、合在辛、月空在壬、三鏡甲丙庚壬坤艮

『参宿　〽『三吉』中『天一未申』
金曜』一日、辛未、土除　大歳後、無翹 出行・乗船吉

『井
土』二日、壬申、金満沐浴鹿角解 夏至五月中　公咸　大歳後、往亡

『滅門』『鬼〽
『密』日』三日、癸酉、金平『神吉』下沐浴　大歳後、復 裁衣吉

『柳月』四乀日、甲戌、火定　大歳前 出行・乗船吉

『星火』五乀日、乙亥、火執 沐浴　大歳前、重

『狼藉』『張水』六日、丙子、水破『伐』除手足甲　大歳前、厭対

『翼木』七日、『天一酉』丁丑、水危『乀』没　大歳前、復、月殺

『軫金』八日、戊寅、土成『三吉』下『土公遊東 不視病』蟬始鳴 除足甲　大歳前、母倉、帰忌　日遊在内

『太禍』『角土』九日、『不問疾』己卯、土収『伐』上弦 辟姤　大歳前、母倉、九坎、血忌　日遊在内

(11ウ)

『密』『亢日』十乀日、『三吉』下『不弔人』庚辰、金開　大歳後、天恩 裁衣・出行〔吉〕□」

『氐月』十乀一日、『三吉』下『忌遠行 忌夜行』辛巳、金閉『伐』　大歳後、天恩、重 裁衣吉

『房火』乀十二日、『三吉』上『天一戌亥 下食時卯 不弔人』壬午、木建　[大]歳後、天恩、厭 裁衣吉

『心水』十三日、『三吉』下 癸未、木除『乀』『伐』半夏生　大歳後、無翹、復

『尾木』十四日、甲申、水満『神吉』上 沐浴『伐』『土公入』　大歳後

『滅門』『箕金』十五日、乙酉、水平『神吉』中 沐浴　侯鼎内　大歳前

『斗』土』十六日、丙戌、土定望 除手足甲　『五墓』　大歳前 裁衣吉

『密』『女日』十七日、丁亥、土執『伐』　『七鳥』　大歳前、重、復

『虚月』十八日、戊子、火執小暑六月節 温風至『大将軍遊内　天一子　下食時辰　不視病』侯鼎外　日出寅三刻五分　昼五十九刻　大歳前、九坎、帰忌、復 日入戌初二分　夜四十一刻　日遊在内

『危火』十九日、己丑、火破 除手甲『忌遠行　不問疾』　大歳前、復 乗船吉　日遊在内

『室水』廿　日、庚寅、木危『三吉』上 除足甲　大歳前 出行吉

『狼藉』『壁木』廿一日、辛卯、木成『伐』『神吉』上　大夫豊　大歳位 裁衣吉

『滅門』『奎金』廿二日、壬辰、水収『伐』『羅刹　不弔人』　『五墓』　大歳位 裁衣吉

『婁土』廿三日、癸巳、水開下弦 蟋蟀居壁『三吉』下『大将軍返南　天一天上　忌遠行』　大歳位、母倉、厭、重 裁衣吉　日遊在内

『密日』『胃』廿四日、甲午、金閉『土公遊南』　大歳位、天赦、母倉、無翹　日遊在内

『昴月』廿五日、乙未、金建　『五墓』　大歳位　乗船吉　日遊在内

『畢火』廿六日、丙申、火除『神吉』上 沐浴　大歳位　日遊在内

『觜水』廿七日、丁酉、火満『神吉』下 沐浴『三吉』　卿渙　大歳位、血忌　日遊在内

『太禍』『参木』廿八日、戊戌、木平 鷹乃学習『不視病』　大歳位、復、月殺 出行・乗船吉　日遊在内

『井金』廿九日、己亥、木定 沐浴『不問疾』　大歳位、厭対、重、復　日遊在内

『大将軍遊西　土公入 土用事　下食時辰』

『鬼土』卅日、庚子、土執 初伏 除手足甲　日出寅四刻　昼五十八刻　大歳位、九坎、帰忌　日入戌初一分　夜四十二刻　日遊在内

乙　天道東行、天徳在甲、月殺在戌、用時乙丁辛癸　」

(10ウ)

六月小　建『土府在戌　土公在門』

未　月徳在甲、合在己、月空在庚、三鏡甲乙丁庚辛癸

『密日曜』『鬼宿』一日、辛丑、土破『神吉』上 除手甲『三吉』下『忌遠行』　大歳位　裁衣吉　日遊在内

『柳月』二〔『三吉』中〕日、壬寅、金危 除足甲　大歳位 嫁娶・移徙・元服・吉 出行　日遊在内

『狼藉』『星火』三〔 日、癸卯、金成『神吉』上 大暑六月中 腐草為蛍　公履　大歳位 嫁娶・元服・出行・吉 髪曽木　日遊在内

『滅門』『張水』四〔『不弔人』〕日、甲辰、火収　大歳位 嫁娶・元服・吉 出行　日遊在内

『翼木』五〔『大将軍返南　忌夜行』日、乙巳、火開　大歳位、母倉、厭、重 裁衣・乗船吉　日遊在内

『軫金』六『不弔人』日、丙午、水閉　逐陣、無翹　日遊在内

『角土』七 日、丁未、水建　陽錯　日遊在内

『密』『亢日』八『土公遊西　不視病』上弦 日、戊辰、土除『滅〔』土潤溽暑　大歳対、復　日遊在内

『氐月』九『三吉』上『天一丑寅』日、己酉、土満『神吉』上 沐浴　辟遯　大歳対、血忌、復　日遊在内

『太禍』『房火』十〔 日、庚戌、金平 仲伏　日出卯初一分　昼五十七刻　大歳対、天恩、月殺 裁衣吉　日入酉四刻一分　夜四十三刻

『心水』十一日、辛亥、金定 沐浴『三吉』下『歳下食』　大歳対、厭対、重、往亡

『尾木』十二日、壬子、木執『大将軍遊北　下食時辰』　大歳位、九坎、帰忌

『箕金』十三日、癸丑、木破『忌遠行』大雨時行『伐』　陽破陰衝

『斗土』十四日、甲寅、水危『土公入』除足甲　大歳位　裁衣・嫁娶・元服・出行・吉

『狼藉』『女』『密』日　十五日、乙卯、水成『天一卯』『神吉』下望　侯常内　大歳位　嫁娶・元服・髪曽木　吉

『滅門』『虚月』十六日、丙辰、土収『天間　不弔人』　(位置一段下ニアリ)「除手足甲」　大歳位　裁衣・移徙・元服・出行　吉

『危火』十七日、丁巳、土開『大将軍返南　忌夜行』　陰錯、厭、重

『室水』十八日、戊午、火開『不視病　不弔人』立秋七月節　涼風至　侯常外　日出卯初二分　大歳前　乗船吉　昼五十六刻　日入酉三刻五分　夜四十四刻　日遊在内

『壁木』十九日、己未、火閉『不問疾』『神吉』上　大歳前、母倉、月殺　塗竈・出行・吉　乗船　日遊在内

『奎金』廿日、庚申、木建『天一辰巳　下食時巳』後伏　陽錯、復

(9ウ)
『狼藉』『婁土』廿一日、辛酉、木除『忌遠行』沐浴　大夫節　大歳前、九坎

『密』『胃日』廿二日、壬戌、水満『伐』下弦『羅刹　忌夜行』　大歳前、母倉、厭対

『滅門』『昴月』廿〻三日、癸亥、水平白露降沐浴　大歳対、重

『畢火』〻廿四日、甲子、金定沐浴『大将軍遊東　土公遊北』　大歳対、復　裁衣・立門・塗竈・乗船　吉

『觜水』廿五日、乙丑、金執『神吉』上除手甲　大歳対、母倉、帰忌　塗竈・乗船吉

『参木』廿六日、丙寅、火破除足甲『三吉』下　日出卯初三分　昼五十五刻　大歳対、往亡　立門吉　日入酉三刻四分　夜四十五刻

『井金』〻廿七日、丁卯、火危『神吉』下『三吉』下　卿同人　大歳対　裁衣・移徙・元服・出行　吉

『鬼□土』廿八日、戊辰、木成寒蟬鳴『不視病　不弔人』　『五墓』　大歳対、母倉、血忌、厭　塗竈吉　日遊在内

『太禍』『柳□日密』廿九日、己巳、木収除手足甲『大将軍返南　不問疾』　大歳対、無翹、重　乗船吉　日遊在内

七月大

建『土府在卯　土公在井』

丙　天道北行、天徳在癸、月殺在未、用時甲丙庚壬

申　月徳在壬、合在丁、月空在丙、三鏡乙辛乾艮巽坤

『張宿
月曜』一　『三吉』下『土公入　不弔人』
日、庚午、土開『神吉』中『伐』　大歳対、復

『翼
火』二　『羅刹　天一未申』
日、辛未、土閉　大歳対、母倉、月殺　裁衣・立屋・立倉・立門・出行・乗船　吉

『軫
水』三　『下食時巳』
日、壬申、金建沐浴『神吉』上　大歳対

『狼藉』『角
木』四　『忌遠行』
日、癸酉、金除処暑七月中　鷹乃祭鳥　公損　大歳対、九坎

『亢
金』五　『忌夜行』
日、甲戌、火満　大歳位、母倉、厭対、復　裁衣・塗竈　吉
日出卯初五分　昼五十四刻
日入酉三刻二分　夜四十六刻

『滅門』『氐
土』六　日、乙亥、火平沐浴　除手足甲　大歳位、重　裁衣吉

『密』『房
日』七　日、丙子、水定　大歳位　裁衣吉

『心
月』八　『三吉』下『天一酉』
日、丁丑、水執『神吉』上　除手甲　大歳位、母倉、帰忌

〔露〕
『甘呂　三吉』下『土公遊東　不視病』
『尾
火』九　日、戊寅、土破　天地始粛　上弦『伐』　除足甲　大歳位

『箕
水』十　『不問疾』
日、己卯、土危『神吉』上　辟否　大歳位、天恩

（8ウ）

『斗〻木』十一日、庚辰、金成　『三吉』下『不弔人』　大歳対、母倉、血忌、厭、復　裁衣・立門　吉

『太禍』『女金』十二日、辛巳、金収『伐』　大歳対、無翹

『虚〻土』十〻三日、壬午、木開『神吉』上　『三吉』上『天一戊亥　不弔人』　大歳対　裁衣・嫁娶・立門・移徙・元服・出行　吉　日出卯一刻一分　昼五十三刻　日入酉三刻　夜四十七刻

『密』『危日』十四日、癸未、木閉　禾乃登　『三吉』下　大歳対、母倉、月殺

『室月』十五日、甲申、水建『神吉』上『伐』　沐浴　『土公入　下食時巳』　大歳対、復

『狼藉』『壁火』十六日、乙酉、水除望　沐浴　除手足甲　『忌遠行』　侯巽内　三陰、九坎

『奎水』十七日、丙戌、土満　『忌夜行』　『五墓』　大歳位、母倉、厭対　裁衣吉

『婁木』十八日、丁亥、土平没『〻』『伐』　『天間』　大歳位、重

『胃金』十〻九日、戊子、火定　沐浴　大歳位　嫁娶・立屋・立倉・移徙・立厩・元服・出行・乗船　吉　日遊在内

『昴〻土』廿〻　日、己丑、火定　白露八月節　除手甲　鴻雁来　侯巽外　大歳位、母倉　乗船吉　日遊在内

『密』『畢日』廿一日、庚寅、木執『三吉』上 除足甲 大歳位、帰忌 裁衣・立屋・立倉・立厩 吉

日出卯一刻二分〔三〕 昼五十二刻

『觜月』廿二日、辛卯、木破 大歳位、復、厭

日入酉二刻四分 夜四十八刻

『参火』廿三日、壬辰、水危『不弔人』『伐』下弦 大夫萃 大歳位、母倉、無翹、月殺

『井水』廿四日、癸巳、水成『三吉』下『大将軍返南 天一天上 忌遠行』 大歳後、重 裁衣吉 日遊在内

『滅門』『鬼木』廿五日、甲午、金収『土公遊南 不弔人』玄鳥帰 大歳後、九坎 日遊在内

『柳金』廿六日、乙未、金開 『五墓』 大歳後、母倉、復 塗竈・乗船吉 日遊在内

『星土』廿七日、丙申、火閉『廿呂〔露〕 三吉』『神吉』上 沐浴 大歳後 日遊在内

『狼藉』『密』『張日』廿八日、丁酉、火建『下食時午』沐浴 大歳後、厭対 日遊在内

『翼月』廿九日、戊戌、木除『忌夜行 不視病』 卿大蓄〔畜〕 大歳後、母倉、血忌 塗竈・移徙・元服・出行・乗船 吉 日遊在内

日出卯一刻五分 昼五十一刻

『伏龍在四隅百日』

『軫火』卅日、己亥、木満『不問疾』群鳥養羞 沐浴 除手足甲 大歳後、重 乗船吉 日遊在内

日入酉二刻二分 夜四十九刻

丁　天道東北行、天徳在艮、月殺在辰、用時艮巽坤乾

酉　月徳在庚、合在乙、月空在甲、三鏡甲丙寅〔庚〕壬乾巽

(7ウ)

八月大　建『土府在未　土公在井』

『太禍』『角宿水曜』一　日、庚子、土平『大将軍遊西　土公入』　『九虎』　大歳後

『亢木』二　日、辛丑、土定『三吉』下『神吉』除手甲　『五墓』　大歳後　裁衣・立屋・立倉・立厩・吉

『氐金』三　日、壬寅、金執『三吉』中　除足甲　大歳後　裁衣・立屋・立倉・立厩・吉

『房土』四　日、癸卯、金破『三吉』下　大歳後、厭　裁衣吉

『密』『心日』五　日、甲辰、火危『三吉』中『不弔人』　秋分八月中　雷乃収声　公責　大歳後、母倉、無翹、月殺　塗竈・移徙・出行・裁衣　吉

『尾月』六　日、乙巳、火成『大将軍返南　忌遠行』　除手足甲　大歳後、重、復　乗船吉

『滅門』『箕火』七　日、丙午、水収『不弔人』　日出卯時正　昼五十刻　大歳前、九坎、往亡　日入酉時正　夜五十刻

『斗水』八　日、丁未、水開『三吉』下　上弦『神吉』上　大歳前、母倉　裁衣・出行吉

『女木』九　日、戊申、土閉『神吉』下社　『土公遊西　不視病』沐浴　　大歳前、天赦

『狼藉』『虚金』十　日、己酉、土建　蟄虫坏戸　『天一丑寅　不問疾』　　陰道衝陽、厭対

『危土』十一日、庚戌、金除　㇂『忌夜行』　　辟観　大歳前、母倉、血忌

『密』『室日』十二日、辛亥、金満『㇂』滅　『歳下食』　　大歳前、重、復

『太禍』『壁月』十三日、壬子、木平『神吉』下　沐浴　㇂『大将軍遊北』　　大歳前、天恩　裁衣・嫁娶吉

『奎火』十四日、癸丑、木定『神吉』下『伐』　除手甲　　日出卯二刻二分　昼四十九刻　大歳後、母倉　裁衣吉　日入酉一刻五分　夜五十一刻

『婁水』十五日、甲寅、水執　望　水始涸　除足甲　『土公入』　　大歳後、帰忌　裁衣・塗竈吉

『胃木』十六日、乙卯、水破　『天一卯』　　陰錯、復、厭

〔昴〕『房金』十七日、丙辰、土危　㇂『不弔人』　　侯帰妹内　大歳後、母倉、無翹、月殺　元服・出行吉

『畢土』十八日、丁巳、土成　『大将軍返南　忌遠行』　　大歳前、重　裁衣吉

『滅門』『觜 『密』日』十九日、戊午、火収 『不視病 不弔人』 大歳前、九坎 日遊在内

『太禍』『参 月』廿 日、己未、火収 『忌夜行 不問疾』〔『神吉』脱カ〕上 寒露九月節 鴻雁来賓 侯帰妹外 大歳前、復 出行吉 日遊在内」

（6ウ）

『井 火』廿一日、庚申、木開 『天一辰巳』 沐浴 大歳前、厭対

『鬼 水』廿二日、辛酉、木閉 下弦 沐浴 日出卯二刻四分 昼四十二〔八〕刻 大歳前 裁衣吉 日入酉二刻二〔三〕分 夜五十八〔二〕刻

『柳 木』廿三日、壬戌、水建 大夫無妄 大歳前

『星 金』廿四日、癸亥、水除 沐浴 大歳対、重

『張 土』廿五日、甲子、金満 『大将軍遊東 土公遊北』 雀入大水為蛤 大歳対、帰忌 乗船吉

『滅門』『翼 『密』日』廿六日、乙丑、金平 『忌遠行 天間』『神吉』上 除手甲 大歳対、月殺 裁衣・乗船吉

『軫 月』廿七日、丙寅、火定 『天一午』 孤辰、九坎、厭

『狼藉』『角 火』廿八日、丁卯、火執『神吉』下 大歳対、無翹 裁衣・出行吉

『亢水』廿九日、戊辰、木破『不視病　不弔人』『五墓』卿明夷　大歳対、復　乗船吉　日遊在内

『氐木』卅　日、己巳、木危　菊有黄花　除手足甲　『大将軍返南　下食時未　不問疾』　日出卯三刻　昼四十七刻　大歳対、母倉、血忌、重、復　日入酉一刻一分　夜五十三刻　日遊在内

九月小　建『土府在亥　土公在井』

戊　天道南行、天徳在丙、月殺在丑、用時乙丁辛癸

戌　月徳在丙、合在辛、月空在壬、三鏡乙丙丁辛壬癸

『氐宿金曜』一　日、庚午、土成『神吉』中『伐』　『三吉』下『土公入　不弔人』　大歳対、母倉　裁衣吉

『太禍土』『房』二　日、辛未、土収『　』土用事　『天一未申　忌夜行』　大歳対

『密日』『心』三　日、壬申、金開　沐浴　大歳対、厭対

『尾月』四　日、癸酉、金閉『神吉』下　沐浴　『三吉』中　大歳対

『箕火』五　日、甲戌、火建霜降九月中　豺乃祭獣　公困　陰位

『斗水』六　日、乙亥、火除沐浴　除手足甲　大歳位、重　裁衣吉

応仁元年巻紙背

『女木』七　日、丙子、水満 上弦 沐浴『伐』　大歳位、帰忌

『滅門』『虚金』八　『天一酉 忌遠行』日、丁丑、水平『神吉』上 除手甲　日出卯三刻三分 昼四十六刻 大歳位、月殺 裁衣吉 日入酉初五分 夜五十四刻

『危土』九　『土公遊東 不視病』日、戊寅、土定『伐』　孤辰、九坎、厭、復　日遊在内

(5ウ)

『狼藉』『室』『密』日』十　『不問疾』日、己卯、土執『神吉』上『伐』 草木黄落　大歳位、天恩、復、無翹　日遊在内

『壁月』十一日、『三吉』下『不弔人』庚辰、金破　辟剝　大歳対、天恩 裁衣吉

『奎火』十二日、『三吉』下 辛巳、金危『伐』　大歳対、母倉、血忌、重 裁衣吉

『婁水』十三日、『三吉 天一戌亥 不弔人』壬午、木成『神吉』上　大歳対、母倉 裁衣・出行吉

『太禍』『胃木』十四日、『忌夜行』癸未、木収 望『伐』　大歳対、天恩

『昴金』十五日、『土公入』甲申、水開 沐浴『伐』 蟄虫咸俯　大歳対、厭対

『畢土』十六日、『三吉』下 乙酉、水閉 沐浴『伐』 除手足甲　日出卯三刻四分 昼四十五刻 大歳位、往亡 日入酉初三分 夜五十五刻

『密』『觜日』十七日、丙戌、土建　『五墓』侯艮内　大歳位

『参月』十八日、丁亥、土除『伐』沐浴　大歳位、重

『井火』十九日、戊子、火満沐浴『大将軍遊西〔内〕　天一子　不視病』　大歳位、帰忌、復　乗船吉　日遊在内

『鬼水』廿日、己丑、火満立冬十月節水始氷『不問疾』　侯艮外　孤辰、帰忌、厭　日遊在内

『太禍』『柳木』廿一日、庚寅、木平除足甲　大歳後、無翹　出行吉

『狼藉』『〔星〕金』廿二日、辛卯、木定下弦『神吉』上　大歳対

『張土』廿三日、壬辰、水執『伐』『不弔人』　『五墓』大夫既済　大歳対、復

『密』『翼日』廿四日、癸巳、水破『三吉』下『大将軍返南　天一天上』　日出卯三刻五分　昼四十四刻　大歳対、重　裁衣吉　日入酉初二分　夜五十六刻　日遊在内

『軫月』廿五日、甲午、金危『神吉』地始凍『三吉』下『土公遊南　不弔人』　大歳対　裁衣・出行吉　日遊在内

『角火』廿六日、乙未、金成『忌夜行』　『五墓』　大歳対、厭対　裁衣・乗船吉　日遊在内

『滅門』『亢水』廿七日、『天間』丙申、火収『没』　大歳対、母倉、復　日遊在内

『氐木』廿八日、『羅刹　忌遠行』丁酉、火開『神吉』下 沐浴　大歳対、母倉 裁衣吉　日遊在内

『房金』廿九日、『不視病』戊戌、木閉　絶陽、月殺　日遊在内

己　天道東行、天徳在乙、月殺在戌、用時甲庚□□〔丙壬〕

(4ウ)

十月大　建『土府在辰　土公在庭』

亥　月徳在甲、合在己、月空在庚、三鏡丁癸坤乾艮巽

『心宿土曜』一日、『下食時申　不問疾』己亥、木建　卿嗌嗑　絶陰、九坎、血忌、重　日遊在内

『密日』『尾』二日、『金剛峯　三吉』中『大将軍遊西　土公入』庚子、土除『神吉』上 沐浴 野鶏入大水為蜃　大歳対 嫁娶・立屋・立倉・堀井 吉

『箕月』三日、辛丑、土満　『五墓』　行佷、帰忌、厭

『太禍』『斗火』四日、壬寅、金平 除足甲　日入〔出〕卯四刻一分 昼四十〔三〕刻 大歳対、無翹、復 裁衣・元服吉 日入酉初六分〔一〕 夜五十七刻

『狼藉』『女水』五日、癸卯、金定『神吉』上　大歳対 嫁娶・移徙・元服・出行 吉

『虚木』六日、甲辰、火執 『三吉』中『不弔人』 大歳対 裁衣・立門・塗竈 吉

『危金』七日、乙巳、火破 『大将軍返南』 小雪十月中 『神吉』中 虹蔵不見 公大過 大歳対、重 元服・乗船吉

『室土』八日、丙午、水危 『三吉』下『不弔人』 上弦 『神吉』上 大歳位、復

『密』『壁日』九日、丁未、水成 『三吉』下『忌夜行』 大歳位、厭対 裁衣吉

『滅門』『奎月』十日、戊申、土収 『土公遊西 不視病』 沐浴 『神吉』下 大歳位、母倉

『婁火』十一日、己酉、土開 『三吉』上『天一丑寅 忌遠行 不問疾』 沐浴 『神吉』上 大歳位、母倉 立屋・立倉・立厩・塗竈 吉

『胃水』十二日、庚戌、金閉 天気上騰地下降〔気脱〕 日出辰初一分 昼四十二刻 大歳位、月殺 立門吉 日入申四刻 夜五十八刻

『昴木』十三日、辛亥、金建 『下食時申 歳下食』 辟坤 大歳位、九坎、血忌、重 立門吉

『畢金』十四日、壬子、木除 『大将軍遊北』 『六蛇』 歳博、復

『觜土』十五日、癸丑、木満 望『伐』 陰錯、了戻、帰忌、厭

『太禍』『参 『密』日』十六日、甲寅、水平『滅╮』　『土公入』　大歳対、無翹

『狼藉』『井 月』十七日、乙卯、水定『神吉』下 閉塞而成冬　『天一卯』　大歳対　裁衣・嫁娶・塗竈・元服　吉

『鬼 火』十八日、丙辰、土執　『不弔人』　大歳対、復　裁衣・立門吉

『柳 水』十九日、丁巳、土破　『大将軍返南』　侯未済内　陰陽交破、重

『星 木』廿╮　日、戊午、火危『神吉』上　『不視病　不弔人』　大歳位

（3ウ）

『張 金』廿╮一日、己未、火成　『金剛峯　三吉　忌夜行　不問疾』　大歳位、厭対　塗竈・乗船吉　日遊在内

『翼 土』廿二日、庚申、木成　沐浴 鶡鳥不鳴　『天一辰巳』　大雪十一月節 侯未済外　大歳位、母倉、九坎　日出辰初二分 日入申三刻五分　昼四十一刻 夜五十九刻　日遊在内

『太禍』『軫╮ 『密』日』廿╮三日、辛酉、木収『神吉』下　沐浴 下弦　大歳位、母倉　裁衣・堀井吉

『角╮ 月』廿四日、壬戌、水開『伐』　大歳位　裁衣吉

『亢 火』廿五日、癸亥、水閉　沐浴　『六蛇』 大夫蹇　大歳前、重、復

『氐水』廿六日、甲子、金建 沐浴 『大将軍遊東 土公遊北』 大歳前、天赦、厭 裁衣・立屋・立倉・塗竈・堀井・吉

『房木』廿七日、乙丑、金除 武始交 除手甲 『下食時酉』 大歳前、無翹 裁衣・立倉・立屋・塗竈・堀井・移徙・乗船・吉

『心金』廿八日、丙寅、火満 除足甲 『三吉』下 大歳前、天恩、帰忌 立門吉

『滅門』『尾土』廿九日、丁卯、火平『神吉』下 『天間』 大歳前、天恩、復 元服・出行吉

『密日』『箕』卅日、戊辰、木定 除手足甲 『忌夜行 不視病 不弔人』 『五墓』 大歳前、天恩 塗竈吉 日遊在内

庚 天道東南、〔行脱〕天徳在巽、月殺在未、用時艮巽坤乾

十一月小 建『土府在申 土公在庭』

子 月徳在壬、合在丁、月空在丙、三鏡甲丙庚壬坤乾

『斗宿月曜』一日、己巳、木執『神吉』上 『大将軍返南 忌遠行』 卿頤 大歳前、重 元服・乗船・髪曽木・吉 日遊在内

『狼藉』『女火』二日、庚午、土破『伐』 茘挺出 『土公入 不弔人』 大歳前、厭対、血忌

『虚水』三日、辛未、土危 『三吉』中『天一未申』 大歳前、月殺 裁衣・立門・堀井・出行・正月事始・吉

『危〳木』四　日、壬申、金成沐浴　　日出辰初二分　昼四十刻　大歳前、母倉、九坎　日入申三刻〔四分半脱〕　夜六十刻

『太禍』『室金』五　日、癸酉、金収沐浴『伐』『神吉』　大歳前、母倉、復

『壁〳土』六　日、甲戌、火開除手足甲　大歳後　裁衣・立門・吉　塗竈

『密』『奎〳日』七〳　日、乙亥、火閉冬至十一月中　上弦　蚯蚓結　公中孚　大歳後、重　裁衣・立門・吉　塗竈

『婁〳月』八　日、丙子、水建『伐』沐浴　大歳後　裁衣吉

『胃火』九〳『三吉』下『天一酉　下食時酉』　日、丁丑、水除除手甲『神吉』上　大歳後、無翹、復　髪曽木吉」

『昴水』十『三吉』下『土公遊東　不視病』　日、戊寅、土満『伐』除足甲　大歳後、帰忌　日遊在内

（2ウ）

『滅門』『畢木』十一日、己卯、土平『伐』『不問疾』　大歳後、往亡　日遊在内

『觜金』十二日、庚辰、金定『三吉』下『忌夜行』蘽角解　大歳前、天恩

『参土』十三日、辛巳、金執『伐』『三吉』下『忌遠行』　辟復　大歳前、天恩、重

『密』『井㇏日』十四日、『天一戌亥　不弔人』壬午、木破望　大歳前、厭対、血忌　裁衣・立門・吉
『鬼㇏月』十五日、『羅刹』癸未、木危『伐』　大歳前、復、月殺
『柳火』十六日、『土公入』甲申、水成沐浴『伐』除手足甲　大歳前、母倉、九坎
『太禍』『星水』十七日、乙酉、水収水泉動『神吉』中沐浴『伐』　大歳後、母倉
『張木』十八日、丙戌、土開　『五墓』　大歳後
『翼㇏金』十九日、丁亥、土閉『伐』沐浴　侯屯内　大歳後、重、復　裁衣吉
『軫土』廿　日、『大将軍遊内　天一子』戊子、火建『不〔視〕病』　陰陽倶錯、厭
『密』『角日』廿一日、㇏『下食時酉　不問疾』己丑、火除除手甲　大歳後、無翹　堀井・乗船・正月事始・髪曽木吉
『亢㇏月』廿二日、㇏『三吉』上庚寅、木除小寒十二月節下弦　除足甲雁北嚮　侯屯外　大歳後　裁衣・嫁娶・堀井・出行吉
『氐㇏火』廿三日、㇏『下食時戌』辛卯、木満　大歳対　裁衣・嫁娶・立門・元服吉

『太禍』『房水』『忌夜行　不弔人』廿四日、壬辰、水平『伐』　『五墓』　大歳対、月殺　裁衣吉

『心木』『大将軍返南　天一天上』廿五日、癸巳、水定　大夫謙　大歳対、母倉、九坎、厭対、重　日遊在内

『尾金』『三吉』上『土公遊南　不弔人』廿六日、甲午、金執『神吉』上　大歳対、母倉　立門・堀井・移徙・元服・出行・乗船・正月事始　吉　日遊在内

『箕土』廿七日、乙未、金破　鵲始巣　『五墓』　大歳対　乗船吉　日遊在内

『密日』『斗』廿八日、丙申、火危『神吉』上　沐浴　大歳対　日遊在内

『狼藉』『女月』『金剛峯　三吉』廿九日、丁酉、火成　沐浴除手足甲　大歳対　立門・堀井吉　日遊在内」

(1ウ)

十二月大　建『土府在子　土公在庭』

辛　天道西行、天徳在庚、月殺在辰、用時乙丁辛癸丑　月徳在庚、合在乙、月空在甲、三鏡甲乙丁庚辛癸

『滅門』『虚宿火曜』『不視病』一日、戊戌、木収　大歳対、復　立門・堀井・出行・正月事始　吉　日遊在内

『危水』『不問疾』二日、己亥、木開　沐浴　卿睽　大歳対、重、復、厭　乗船吉　日遊在内

『三吉』中『大将軍遊西　土公入』
『室木』三　日、庚子、土閉 沐浴『神吉』上 野鶏始雊　大歳対、帰忌、血忌、無翹 立屋・立倉・立厩・堀井 吉　日遊在内

『三吉』下『忌遠行』
『壁乀金』四　日、辛丑、土建 除手甲『神吉』上　大歳対 裁衣吉　日遊在内

『三吉』中
『奎乀土』五　日、壬寅、金除 土用事 除足甲　大歳対 裁衣・嫁娶・移徙・元服・出行・正月事始 吉　日遊在内

『三吉』下『下食時戌』
○『密』脱、『婁乀日』六　日、癸卯、金満 除手足甲　大歳対 裁衣吉　日遊在内

『忌夜行　不弔人』
『太禍』『胃月』七　日、甲辰、火平 臘　大歳対、月殺 元服・出行吉　日遊在内

『大将軍返南』 大寒十二月中
『昴火』八　日、乙巳、火定 上玄 鶏始乳　公升　大歳対、母倉、九坎、厭対、重　日遊在内

『不弔人』
『密』『畢水』九　日、丙午、水執 没『乀』　大歳位、母倉　日遊在内

『觜木』十　日、丁未、水破　陽破陰衝　日遊在内

『土公遊西　不視病』
『参金』十一日、戊申、土危 沐浴『神吉』下　大歳位、復

『天一丑寅　不問疾』
『狼藉』『井土』十二日、己酉、土成 沐浴　大歳位、復

応仁元年巻紙背

『滅門』『鬼〕『密』日』十三日、庚戌、金収　大歳位、天恩　裁衣・煤払吉

『柳月』十四日、辛亥、金開『三吉』下『歳下食』□□□沐浴〔鷲鳥厲〕疾　大歳位、天恩、重、厭

『星火』十五日、壬子、木閉『大将軍遊北』『六蛇』辟臨　逐陣、帰忌、血忌、無翘

『張□』〔水〕十六日、癸丑、木建『忌夜行』　陽錯

『□〔翼〕木』十七日、甲寅、水除『土公入』　大歳対　裁衣・嫁娶・元服・出行・乗船・正月事始・煤払　吉

『軫〕金』十八日、乙卯、水満『天一卯　下食戌』〔時脱〕　大歳対　裁衣吉

『太禍』『角〕土』十九日、丙辰、土平『忌夜行　天間　不弔人』□□□□〔水沢腹堅〕　大歳対、月殺　裁衣・移徙・元服・出行・正月事始・煤払吉」

○料紙截断ニ依リ、後ヲ欠ク、

（16ウ）

☳　御とし廿二

御ゆいねん（遊年）ひんかし　御しやうけ（生気）ミなみ

御やうさきた（養者）　御てんゐいぬゐ（天医）
ふくとくきた（福徳）　御とく日う・とり（徳）

政深書状

（18ウ）新陽之佳節珍重〻〻、抑御家門之御繁昌、相当今春候之条、於身祝着無比類候、近日必〻以参
（17ウ）賀猶〻祝言等可申承候也、」此趣可得御意候、

正月四日　政深（政家兄）

藤井少将殿（嗣賢）

（切封墨引）

政深書状

（19ウ）尚〻けふの御ふミ、ことに〳〵祝着申ハかりなくて候、よろつ／御よろこひとも、かさ
ねてこれより申候へく候、

誠につきし候はぬめてたさ、かす〳〵申つくしかたくおほえさせおハしまし候、さて〳〵明
日の事、仰れ（ら脱カ）候程に門主（義賢）へそとたつねまいらせて候へハ、あすそと参賀の次ニ可参申由、

○後紙欠ク、

政深書状

（20ウ）雨中何事共候かと、よろつ御床敷存候、さて〳〵明日よりハ、醍醐に候ハんする程に、けふや
うにより候て、それへまいり候ハんするハ、いかゝ候へきやらん、御さしあひなと候ハヽ、御
心をかすに承へく候、たいこより出候てなり共、まいり候へく候、たゝしそれはそれ治定候
ましくて候、／このよし御つほね（政家母）へも御申候て、給候へく候、かしく、
「（捻封上書）（墨引）　藤井（嗣賢）殿　申給へ」

（21ウ）あらたまり候ぬるはるの光も、ことにかひある御よろこひ、いつのとし〳〵にも／すくれさ
せをハしまし候て、／よろつおほしめすまゝの御はんしやうと、きこゐさせをハしまし候へ
（24ウ）ハ、御いわゐ事ならす、」御めてたさ、かす〳〵申つくしかたくおほえさせおはしまし候、こ
れも思ふまゝ事ともにて、めてたき事とも／申うけ給候へく候、つきし候ハぬ御よろこひ、
みつから申うけ給候へく候、あなかしく、

（25ウ）このはるよりの御よろこひ、いつのとし〳〵にもすくれさせをハし／まして候、よろつおほ
（22ウ）しめす／まゝの御事ともとうけたまはり候へハ、返々めてたく御」うれしくおほえさせおは
しまし候、ハれ〳〵もこの春をまち候ぬるにてこそ候へ、／つきし候ハぬ御よろこひ、あさ

（25ウ）

て御みつから申うけ給候へく候、□めてたさも弥〻御めてたき事も、」月日をかさねて申うけ給候へく候、めてたくかしく、

政深書状

（23ウ）

尚〻よろつ五しやうの□□□入まいらせ候、かやうに申候ハ、まことに事ゆき候ハすハ、よく〳〵なりまいらせ候、そのしさひハこんしやうに候てハ、御方〻の御ためまて□候ハんする程に、一身をすて候ハんするまてにて候、返〻いま一たひ御見参に入たくこそ候へ、

只今者御返事なからこま〳〵とミまいらせ候て、返〻御うれしくおほえさせおハしまし候、さて〳〵さように那智（道興、政家兄）より御音信候らん、返〻目出度、御うれしく候、此御ふミまいらせ、つたへまいらせられ候て給候へく候、さて〳〵としの中、醍醐より文をしたためて／まいらせ候つるに、其御返事も候はぬ事、返〻御うたてしくこそ候へ、／たゝしとゝき候はぬやらん、御心もとなくて候、又まいらせ候事ハ、いかゝにて候へとも、ねんしの御事にて候程に、一筆まいらせ候、御心え候て給候へく候、□〔さ〕て〳〵われ〳〵かきたう□□〔候ハカ〕んするよし承候、返〻御うれしくて候、／ひとへにそれをたのミ入まいらせ候、万一事ゆきても候ハゝ、よろつ御ミつから申承候へく候、心中うか〳〵としていかゝ申候やらん、かしく、

（捻封上書）
「（墨引）　藤井殿　申給へ」

近衛家連歌会句引　（26ウ）

御（近衛房嗣、政家父）	一一一一一　一一一一一　一一	十二
春（政家）	一一一一一　一一一一一　一一一一	十四
若公（ノチノ政弁、政家弟）	一	一
藤中納言（武者小路資世）	一一一一一　一一一一	九
一条宰相（河鰭公益）	一一一一一　一一一一一　一	十一
時顕朝臣（西洞院）	一一一一一　一一一一一　一一一一一　一一	十七
種光朝臣（武者小路）	一一一一一　一一一一一　一一	十二
季種朝臣（小倉）	一一一	三
治光（竹屋）	一一	二
嗣賢（藤井）	一	一
頼秀朝臣（錦小路）	一一一一一　一一一一	九
行治（町）	一一一一一	五
親康（丹波）	一	一

俊宣（北小路）　一一一　三

（27ウ）世上の事いまたミやう〳〵（冥々）と候て、めいはく申つくしかたくて候、さて〳〵又きやうこく（京極持清）を
御たひち（退治）候ハんするとて候程に、いまた物忩尤やかましきとて候、さ候程に二郎（赤松政則）ほうしか所
を近日やき候ハんするとて、内にやき草をつめてをきたるとて候程に、なときか（何時）さように候
ハんすらんと、心くるしさ申ハかりなくて候、／［　　　］無ゐになり候へかしとねん
し入てこそ候へ、／返〻一昨日のかつせん（合戦）のやう□く候へハ[あ]さましくかす〳〵［　　］文
にもつくしかたくて候、よろつ於今無ゐになり候ハヽ□□まいり候て、申て［　　］承候へく
候、

（切封上書）「（墨引）
藤井殿　申給へ」

（29ウ）文返〻うれしくおほえさせをハしまし候、まことによへのあか事ちか〳〵の事にて、きもつ
（28ウ）ふし申つくしかたく候つる、かやうにしけ〳〵とこゝもとに」み候へハ、かなしくて候、さき
の月の、けふにて候つる、さりなからことなる御事にても候ハて、めてたく候、ふとならせを

（29ウ）ハしまし候て、御みつから申うけ給候へく候、昨日ハ御返事こま〱と」みまいらせ候て、御
うれしくおほえさせをハしまし候／事□〔にカ〕て候、ひんなうおほえさせをハしまし候へく候、み
な〱よく〱入候へとて候、かしく、」

（28ウ）（切封上書）「御（政家）かた御所さまへ　まいらせ候
（墨引）」

河鰭公益和歌懐紙

（30ウ）春日同詠三首和歌

左近衛権中将公益（河鰭）

款冬

くれなゐは花にたへなる□〔いカ〕ろそともおもひそはてぬ垣の山ふき

惜春

暮はてゝあるかなきかとわすれるやはるのなこりの□〔かカ〕きりなるらん

変恋

かはりゆく人のこゝろをいかてかはうきにさためてうらみはてまし

政深書状

（31ウ）
しけ〳〵と申承候心ちして、返〻御うれしくおほえさせおハしまし候、さて〳〵此ゑけ水けまいらせ候、昨日まいらせ候ハんするを、申つけたる物か候ハて、心より外に存候、さて〳〵世上の事、昨日夕かた人の申つるハ、はや〳〵しつまりたりとて候、返〻目出度存候、さりなからいかゝきこしめし候やらん、／御心もとなくて候、くわんてゐハ昨日しゆしとて候つる、なを〳〵めてたくて候、／雨中の御ゆかしさ、この御ふミにつくし□〔かカ〕たく候、かしく、

（捻封上書）
「（墨引） 藤井殿 申給へ」

政深書状

（32ウ）
雨中何事とも御座候やらん、万かす〳〵御ゆかしく存候、さて〳〵世上の事、今朝より又きう〳〵に申候、いかゝきこしめされ候やらん、御心もとなく存候、今日室町殿（足利義政）へ五はんしゆ（番衆）こと〳〵くうちより候よし、只今みなかく□すらんと申候事にて候、さ候ハゝ一定と／こそ存候へ、かまへて〳〵御ようしん候へく候、さて〳〵おもひよりまいらせ候／はぬ申事にて候へとも、人の申候ハ、その御所に昨日の夜、このへかはら（近衛河原）にて人をさたさせられたるよし申候、返〻よもとハ□〔思カ〕まいらせ候へとも、御心もとなさのまゝ□〔た〕ゝいま□〔たカ〕つねまいらせ候、□れ〳〵これハくかひのさたにて□〔あカ〕りけに候、よろつ御文も候へく候、かしく、

「（捻封上書）（墨引）　藤井殿　申給へ」

政深書状

（33ウ）

ゐけ水け只今まいらせ候はね共、申つけたる物かよはせまかり候し程に、いまちとして、これよりまいらせ候へく候、くれ〳〵物忩の儀なり候ハヽ、申候へく候、

御返事なからミまいらせ候て、かす〳〵御うれしくおほえさせおハしまし候、さて〳〵世上物忩の事、此辺にハいつともしかと承候はてこそ候へ、さやう十七八日ころなとゝ申候らん、返ゝ迷惑にてこそ候へ、おなし御事にをしハかりまいらせて候、又先日東坊か事承候、其後ハ何ともわれ〳〵にハ／申候ハす候、いせんもわれ〳〵にちき申候ハて、門主（義賢）よりさやう承候つる程に／其分に候つる、一日のそれより御返事候やう申候へハ、いかさま□やうに仰られつけ候はんするとて候つる、さためてしや□□つも、此事当年さたせぬ事ハ□ましくて候、なを〳〵其やう門主へ申候へく候、醍醐から此やう申候しさひ□ハゝ、これよりくハしく申候、かしく、

「（捻封上書）（墨引）　藤井殿　御返事申給へ」

政深書状

（34ウ）

猶ゝまつ〳〵くわん御なりたきよししきりに／申とて候、

今朝者其之御近所いかゝ御座候哉、御心もとなく存候、さ候程に御所（近衛房嗣、政家父）さまより申とて候、まつ〳〵その御所へくわん御なりたく候へハ、御むかへを早〻まいらせられ候へと申とて候、いかゝ候へきやらん、この御返事により候て、なり候ハんするとて候、かしく、

（捻封上書）
「（墨引）　まいらせ候　　　政深」

政深書状

（35ゥ）

猶〻御うれしく候よし申とて候、さて〳〵世上のいかゝきこしめされ候やらん、／にか〳〵しくさた候へハ、めいはくにて候、其分御心えまいらせ候、やかてさしたる事ハよも候ハしと存候、いかさま来月辺にハ□し候て、申候へく候、かしく、御用之事をハ仰られ候へく候、

何事共御座候哉、万御床敷存候、さて〳〵昨日申入候つる東坊たいくわんしきの事、さをひあるましきよし仰られ候、其分今日壇所へ申候て候へハ、返〻悦入たるよし、くれ〳〵よく〳〵申とて候、さてハ当年より藤井方へさたすへきのよし仰られ、其分も申て候へハいかさまさやう申つけらるへきよし申とて候、

（捻封上書）
「（墨引）　藤井殿　申給へ　　　政深」

政深書状

（36ウ）

武衛《（斯波義廉）》へさように御せひつか候《（ひ脱カ）》ハんするよし申候ハん、返〻御めいはくをしハかりまいらせ候、さ候程に御車の事うけ給候、この門跡《（三宝院）》の車やとりハ只一りやうならてハ入候ハす候、いか〻し候へきやらん、返〻やすき御事にて候へともかやうに申候、さてハ又へちのむねのしきも候ハす候、いか〻せられ候ハんするやらん、／けに〱火てもあかり、その御あたりきうにも／候ハ〻、只庭になりとも□□られ候ハ〻、そのしふんに□□より、しせん雨なとにぬれ候ハ〻御大事に候、よろつめてたく候へと存候ハかり□□候、只今ハ時あき候つ、御うれしくて候、

「《（切封上書）》封

藤井殿　御返事まいる　申給へ」

政深書状

（37ウ）

まことにしけ〱と申承候て、返〻御うれしくおほえさせおハしまし候、又誠昨日ハおもひよりまいらせ候はす候、御所さまふとならせおハしまし候て、御つひてなから申承候事御うれしく存候、さしたる事も申入候ハて、これのミ□《〔かカ〕》なしく存候、又しせん／御近所物忩なる事も候ハ〻、今度ハ御両御所《（房嗣・政家）》さま／ならせおハしまし候へく候、このやう門主へもいかさま申まいらせ候、□《〔さカ〕》やうにまつ〱□中岩蔵へ御しのひの御事、□《〔御カ〕》心やすく思ひまいらせ候、

早〻目出度しつまり候て、御まいり候て申承候へく候、かしく、御つかひまても候ましくて候、

（捻封上書）
「（墨引）　藤井殿　御返事申給へ」

大日本古記録 後法興院関白記（一）

2025 年 3 月 27 日　第 1 刷発行

編纂者　東京大学史料編纂所

発行者　坂本政謙

発行所　株式会社 岩波書店
〒101-8002 東京都千代田区一ツ橋 2-5-5
電話案内 03-5210-4000
https://www.iwanami.co.jp/

印刷・精興社　製本・松岳社　函・岡山紙器所

ISBN978-4-00-009995-0　Printed in Japan